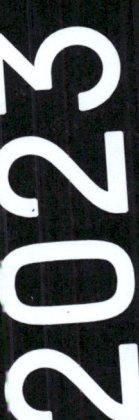

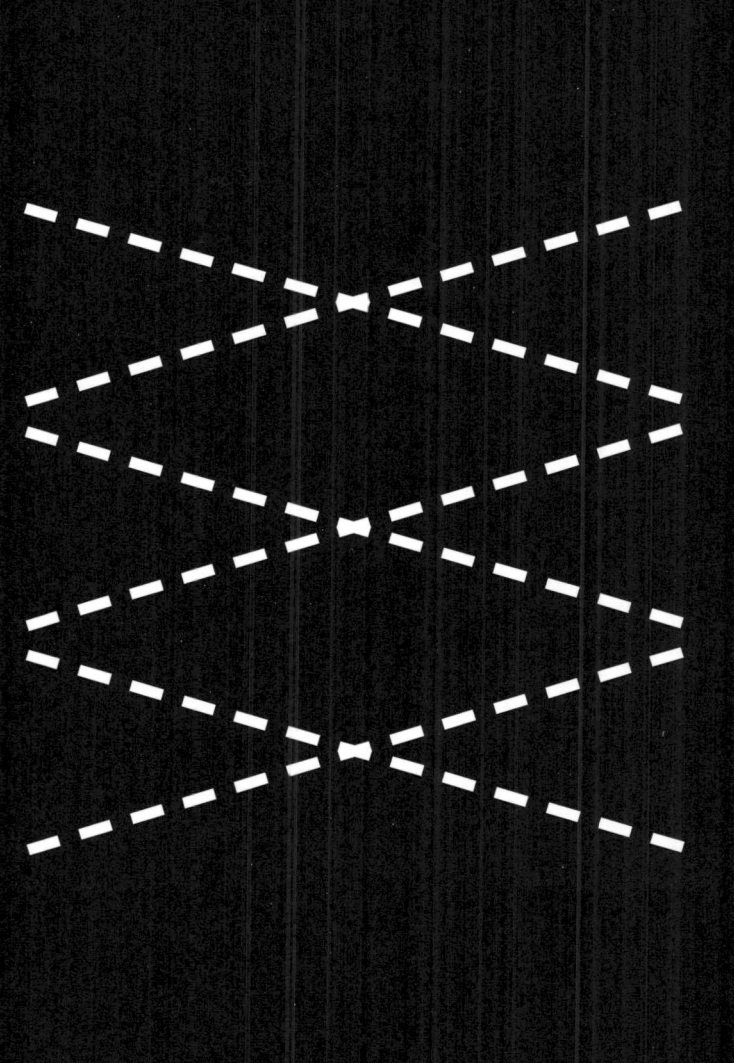

La interdependència i la col·lectivitat en el context de la XXVI Mostra art públic / universitat pública

Alba Braza

La Mostra art públic / universitat pública torna a oferir, en la XXVI edició, els campus de Burjassot i Blasco Ibáñez com a llocs per a la creació artística. A través de dotze intervencions situades tant en espais exteriors com interiors de les diferents facultats i dependències universitàries, s'han ofert reflexions sobre temes d'actualitat, des d'una perspectiva compromesa i situada (Haraway, 1995), vinculada estretament al coneixement que habita en els llocs on s'ha intervingut.

Des de la XXIV edició, s'ha buscat acollir projectes artístics centrats en l'aproximació de l'art contemporani a la ciència i a les ciències socials i humanes, assumint-les i convertint-les en detonadors d'altres sabers transversals descentralitzats amb capacitat d'interactuar amb l'espai universitari dels dos campus on s'ubiquen (Braza, 2022). L'experiència adquirida en aquestes vint-i-sis edicions, en les quals s'ha mantingut en el centre l'art públic, ha permès generar una identitat pròpia específica d'aquesta convocatòria, una manera de fer que s'ha reflectit i transmès a través dels textos que ha generat cada edició. Una analogia que fa palès com es vol treballar la idea d'art públic, quina és la noció de públic i des de quines perspectives s'analitzen en les obres que conformen la història de la Mostra.

Així, una vegada establerts els propòsits, em centraré en les característiques que destaquen en aquesta nova edició, amb una clara intenció de valorar-les i de traslladar l'atenció des d'aquelles circumstàncies determinants que aporta l'arquitectura, fins a les que aporten exclusivament els factors humans.

Per això, en aquest text, abordaré per què, tot i que hi ha dotze premis, no podem parlar de dotze artistes; i s'ha generat una xarxa d'interrelacions influents en les obres.

Dèsset artistes s'han encarregat de conceptualitzar les intervencions d'aquesta edició, i en podríem afegir dues més encara, si hi sumem la col·laboració d'amigues o de les parelles. Comptem amb col·lectius que destaquen per la seua trajectòria, llarga i conjunta, així com equips que exploren per primera vegada metodologies col·lectives per a la creació. Art al Quadrat, Voces que cuidan,

Rayito Macqueen i Fast Zopaz, Miriam Del Saz i Chiara Sgaramella (La Nómada taller), Veïna. Art Contemporani de Proximitat (Verónica Francés i Alfonso Segura), en són els exemples visibles.

Aquesta presència predominant d'allò plural davant d'allò singular fa palesa la crisi d'autosuficiència que l'art contemporani ha manifestat des de la dècada dels seixanta. Així, veiem artistes que s'allunyen de la idea d'artista heretada del pensament il·lustrat occidental, considerat un ésser essencialment introspectiu i autosuficient (Polanco, 2019), i que renuncien a l'autoria individual i troben en el diàleg i l'acompanyament un valor afegit que no pertany a les premisses del capitalisme, l'individualisme pressuposat del qual s'estendrà a qüestions tant pràctiques com econòmiques.

Allunyades, les i els artistes, d'aquesta idea de subjecte burgès, reivindiquen amb fets i no amb paraules, l'existència d'altres cultures i, per tant, d'altres maneres d'explicar el món més enllà d'allò après: blanc, europeu, masculí... Com a conseqüència, afegeixen noves càrregues simbòliques als relats que aborden en la seua obra.

Parlar de creació en plural ens porta a centrar la qüestió bàsica de l'assumpte: estem davant la creació de pensament col·lectiu o davant la creació col·lectiva? Amaia P. Orozco respon a aquesta qüestió aclarint que el pensament, en cap cas és una il·luminació individual, de manera que potser parlar de creació col·lectiva és, en tots els aspectes, una redundància (Pérez Orozco, 2014).

Així, no és estrany que aquests artistes en plural, en les seues obres, hagen optat per models basats en l'estudi compartit i en la producció col·laborativa. De la mateixa manera, aquest no es pot considerar un motiu d'exclusivitat, ja que el sistema de col·laboracions que s'ha facilitat des de l'organització de la Mostra s'ha posat en pràctica de manera comuna, i s'han establert aquestes connexions en tots els casos en què realment suposava un estrat de significat afegit i en què la viabilitat, principalment condicionada pel factor temps, ho ha permès. Malgrat això, les que aparentment no ho han fet també estan lluny de ser il·luminacions individuals, ja que les referències a altres autores i autors com a base de la seua història hi són especialment patents. Així, Marta van Tartwijk amb l'obra *Dent de llet,* a la Facultat de Filologia, Traducció i Comunicació, fa referència directa a l'òpera del compositor estatunidenc Robert Ashley, titulada *That Morning Thing;* i l'obra de Laura Marte, *Odònim Burjassot,* posa nom de científiques de referència als carrers en què es troben les facultats del campus de Burjassot. Són ací les seues trajectòries professionals les qui justifiquen l'elecció de l'artista, i redueixen el camp de la ficció únicament a l'espai urbanístic. La peça sonora i les imatges impreses de Valentina Alvarado Matos, *Eren diürnes, però també nocturnes,* relaten un paisatge colonitzat a través de la visió d'una cuca de llum, i aporten altres narratives i construccions de possibles imatges dins de les vitrines del Museu d'Història Natural de la UV. I Sara Torres, a la Facultat de Ciències Biològiques, fa palès amb *Fonaments de fantasia hetero-real*, la construcció del desig heterosexual a través de tres nivells de contingut: fragments narratius extrets de diferents documentals d'animals, cita l'obra *Pensée Straight* (*El pensament heterosexual*, 1992), de la filòsofa francesa Monique Wittig, i textos poètics escrits per l'artista mateixa.

D'altra banda, l'obra de Micaela Maisa, *Òptica i metàfora*, en la Facultat de Física, i d'Amanda Moreno, *Subterraneum laboratorium,* a l'edifici de Rectorat, referencien explícitament l'obra de la filòsofa estatunidenca Donna Haraway, i dels historiadors de la medicina José Bertomeu Sánchez (*Tóxicos: pasado y presente. Pensar históricamente en un mundo tóxico*, 2021) i Soraya Boudia (*Ignorance Studies: Recent trends and future avenues*, 2023), respectivament. A més, totes dues mostren part del procés de conceptualització i producció, esmentant diferents investigadors amb qui han conversat i que les han orientades. Maisa, amb Jesús Malo, Pas García, José Juan Esteve i María Amparo Díez, del Departament d'Òptica, Optometria i Ciències de la Visió de la Facultat de Física; i Moreno, amb Ramón Bertomeu Sánchez, com a director de l'Institut d'Història de la Medicina i de la Ciència López Piñero de la UV. Aquest reconeixement o gest, tot i que demostra que aquestes aportacions no han estat decisives, com tampoc ho foren les referències bibliogràfiques, evidencia una vegada més el distanciament de la figura de l'artista tancat en la seua torre d'ivori, inspirat i erudit, i les situa en un pla terrenal el punt fort del qual està en la seua capacitat de consultar, preguntar i escoltar.

En aquest sentit i amb una major visibilització d'aquesta comunicació ja transformada en interferència, Art al Quadrat, en la seua obra *RAE vs DUE*, així com també Maria Amparo Gomar Vidal amb *Bildersturm #1. Fernando Rodríguez-Fornos,* estableixen diàlegs que són evidents en la materialització de l'obra. Ambdós projectes revisen críticament aspectes de la història recent. El primer d'ells, dins de la Biblioteca de Ciències Eduard Boscà, comptà amb l'assessorament de Mercedes Quilis

Merín, professora de Llengua Espanyola del Departament de Filologia Espanyola de la Facultat de Filologia, Traducció i Comunicació. Es tracta d'una intervenció que ofereix al públic el significat d'una sèrie de termes seleccionats i consultats en dos diccionaris diferents: el *Diccionario de la lengua española* (18a ed. Madrid: Real Academia Española, 1956) i el *Diccionario de uso del español* de María Moliner (Madrid: Gredos, 1966). Si se n'alineen les definicions, les artistes evidencien el fort poder polític, i per tant productor de subjectivitats, que té la regulació institucional del llenguatge.

El segon projecte, a les portes d'eixida del vestíbul de la Facultat de Medicina i Odontologia, mostra la imatge exterior del jardí a través d'una imatge impresa sobre vinil adhesiu i un vídeo. A diferència del que trobem en la realitat, en l'obra de Gomar Vidal no està el bust que ret homenatge a Fernando Rodríguez-Fornos. El bust només apareix durant uns segons en el vídeo acompanyat d'un text escrit per Josep Lluís Barona, professor del Departament d'Història de la Ciència i de la Documentació de la UV, en el qual cita al seu torn escrits del catedràtic i rector de la UV, Rodríguez-Fornos, que manifesten el seu ideari feixista que avui seria (o hauria de ser) castigat per ser un delicte d'odi.

Ambdós projectes assumeixen un fort compromís social vinculat a la memòria històrica i se sumen al desig de demostrar com l'objectivitat i la imparcialitat són una ficció més de la nostra realitat.

Miriam Del Saz i Chiara Sgaramella (La Nómada taller) proposen amb *El saber a les mans* un altre model d'interrelació en els processos de creació. En el seu cas, hi han intervingut diversos agents i sabers més enllà dels vincles acadèmics, afegint a la col·laboració amb el grup de recerca Recartografies (UV), l'experiència i transmissió de sabers de la mà del col·lectiu agroecològic Vorasenda i l'aportació d'imatges de l'Arxiu Fotogràfic del Museu Valencià d'Etnologia (L'ETNO). Es tracta d'una intervenció al jardí de la Facultat de Filosofia i Ciències de l'Educació, realitzada amb una tècnica desenvolupada per les mateixes artistes mitjançant la qual aconsegueixen fer una serigrafia sobre tela de cotó, únicament amb pigments naturals i extrets de la mateixa terra on es conreen aquells aliments que consumeixen de manera responsable. La tècnica acompanya el significat de les imatges, ja que aquestes foren fetes per grups d'estudi de l'àmbit de l'etnologia i mostren una dona i un home que treballaven l'horta valenciana amb mètodes que en l'actualitat denominem tradicionals. Juntament amb la part processual i material de l'obra, les artistes hi van incloure una sessió de mediació amb la qual van incloure la memòria de les persones que formaren el grup com a part del treball realitzat.

La mediació artística com a recurs de producció de sabers col·lectius també ha estat emprada per Voces que cuidan, en l'obra *Equip de neteja del Campus de Burjassot,* i per Rayito Macqueen i Fast Zopaz, en el vídeo *Parkuir.* Elena San Martín i Santiago Fernández treballen fent sessions de mediació adreçades a grups que desenvolupen tasques relacionades amb les cures. A partir d'aquests encontres, editen arxius sonors amb els quals transmeten, de forma poètica, l'essencialitat d'aquestes tasques no reconegudes i sovint no, o mal, remunerades. Ací, Voces que cuidan ha donat veu a un grup de dones treballadores encarregades de les tasques de neteja del Campus de Burjassot. Són elles, amb les seues experiències i forma de concebre el món, les qui acompanyen els oients a visitar, des de la seva perspectiva, el campus. Paral·lelament, la il·lustradora Elena Llamas Aliaga ha participat de l'obra transformant les trobades de mediació realitzades en una imatge que serveix per a situar físicament i iniciar el recorregut sonor.

En l'obra presentada per Rayito Macqueen i Fast Zopaz també han esdevingut fonamentals les sessions de mediació, aquesta vegada plantejades per a l'estudiantat de la Facultat de Ciències de l'Activitat Física i de l'Esport. Lis artistes proposen al grup aprendre *Parkuir,* una nova disciplina esportiva creada des d'una perspectiva *queer* a partir de la relació que estableix el *parkour* entre cos i arquitectura. Des de l'humor i la ironia, lis artistes posen en relleu els estereotips vinculats al gènere, al cos i a l'esport que pertanyen a l'hegemonia heteropatriarcal. L'obra final és un vídeo que es mostra emmarcat en un boà de color rosa al vestíbul de la mateixa Facultat. El vídeo manifesta la interferència dels sabers compartits amb el grup d'esportistes que posen en pràctica el *Parkuir* i la facilitació aportada gràcies a la col·laboració de Javier Gil Quintana, docent i investigador del Departament d'Educació Física i Esportiva de la Facultat de Ciències de l'Activitat Física i de l'Esport.

Finalment, Veïna. Art Contemporani de Proximitat (Verónica Francés i Alfonso Segura), ofereixen amb *Bibliografia per a una barricada* un procés de producció obert en col·laboració amb el públic. L'obra està formada per dues parts objectuals i una de virtual, a través de les quals configuren una possible interpretació del que podria ser una barricada cultural. Fent referència a la llamborda, a Maig del 68, i al llibre com a eina per a la revolució, situen un palet de llambordes entre la Facultat de Geografia i Història i la Biblioteca d'Humanitats Joan

Reglà. Una part de les llambordes està gravada amb una sèrie de signatures que es corresponen a referències bibliogràfiques vinculades a llibres. Aquesta selecció bibliogràfica s'ha dut a terme gràcies a dos còmplices: les persones que han assenyalat anònimament la importància del títol en qüestió, (ja que els artistes posen a disposició la participació de qui ho desitge a través d'un formulari obert); i el personal de la biblioteca que, fent un seguiment del projecte, ha anat adquirint els exemplars dels quals no disposaven prèviament. Aquests llibres han sigut col·locats en el interior de la biblioteca: en una prestatgeria específica, el projecte, i dins de cadascun s'amaga un gravat de l'il·lustrador Gat Cosmonauta, que dona lloc a la segona part objectual de l'obra.

Així, en aquesta nova edició de la Mostra, la idea de plural i col·lectiu obri múltiples vies d'interpretació que ens condueixen a la base dels plantejaments que centren l'ésser humà com un ésser ecodependent i interdependent (Herrero, 2023). Si (també) exercim una pràctica comissionària situada, és possible impulsar, facilitar i visibilitzar els paral·lelismes entre la producció cultural i la idea de cures a través de la voluntat de reivindicar aquells treballs que, en aparència, no són productius ni determinants. Però que, en realitat, han format part del procés i han afavorit la realització de creacions específiques per a un lloc, unes persones i un temps determinat.

↓

Bibliografia:
· Aurora Fernández Polanco, *Crítica visual del saber solitario*, Bilbao, Consonni, 2019, p. 21.
· Amaia Pérez Orozco, *Subversión feminista de la economía*, Madrid, Traficantes de Sueños, 2014, pág. 31.
· Yayo Herrero, & Idensitat. (n.d.). (V.O) «Aesthetics, care and ecofeminism», recuperat el 18 d'octubre de 2023 de https://vimeo.com/868298872.
· Alba Braza Boils, «Atravesar el campus como práctica artística», *XXIV Mostra art públic / universitat pública*, Servei d'Informació i Dinamització (Sedi) de la Universitat de València, 2021.
· Donna Haraway, *Ciencia, cyborgs y mujeres: la reinvención de la naturaleza*, Cátedra, 1995.

Ubicacions

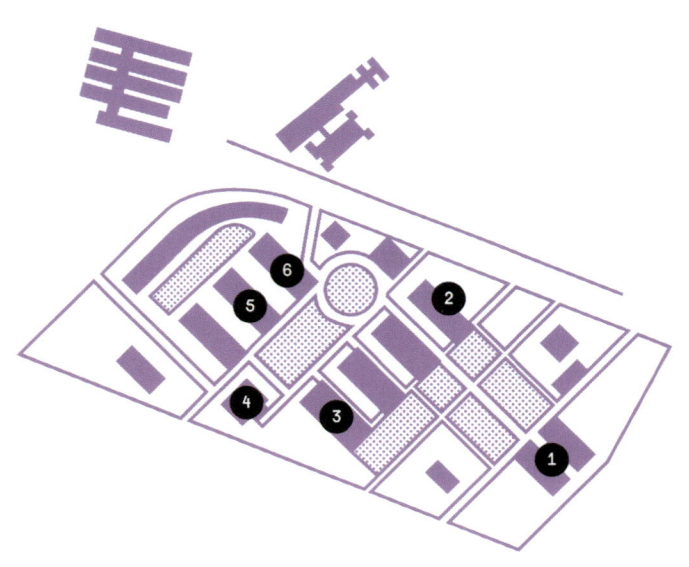

Campus de Burjassot

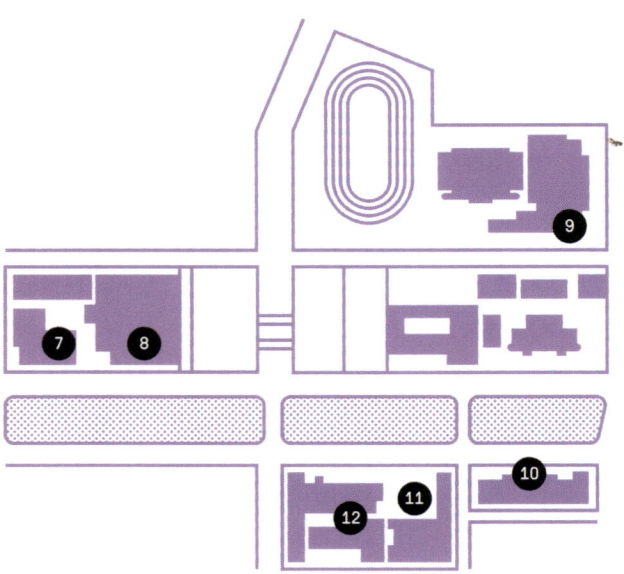

Campus de Blasco Ibáñez

Intervencions

Art al Quadrat

RAE vs DUE, 2023

48 lonetes impreses en b/n,

50 x 80 cm c/u

Obra realitzada a partir del *Diccionario de la lengua española* (18a ed. Madrid: Real Academia Española, 1956) i del *Diccionario de uso del español* de María Moliner (Madrid: Gredos, 1966).

RAE versus DUE consisteix en 48 lonetes impreses en les quals es comparen paraules del diccionari de la Real Academia Española, en la versió de 1956, i del diccionari de María Moliner, publicat deu anys després.

Malgrat l'aparent objectivitat del diccionari oficial, referència mundial de l'espanyol, no deixa de traspuar biaixos de gènere, polítics o religiosos determinats per l'herència cultural i el context sociopolític en què es va escriure.

Al seu torn, dins l'estret marge de llibertat que li deixà la dictadura franquista, María Moliner trobà un mínim i subtil espai per a fer aportacions socials, més enllà de les pròpies, dins del lèxic, l'ordenació de les paraules i la semàntica. Deixà entreveure, de manera quasi insignificant, una mirada més oberta a la societat, més inclusiva i igualitària respecte a la dona i les classes populars, i menys condescendent amb el catolicisme imperant.

En l'obra, destaquem la figura de María Moliner, vinculada a la Universitat de València (cap de biblioteques en 1936 i 1937). Fou depurada pel Franquisme, que la va fer abaixar divuit escalafons en la seua professió. Tot i així, en 1946, emprengué tota sola l'escriptura del diccionari que li costaria quinze anys de treball.

↓

Projecte desenvolupat amb l'assessorament de Mercedes Quilis Merín, professora de Llengua Espanyola del Departament de Filologia Espanyola de la Facultat de Filologia, Traducció i Comunicació de la UV.

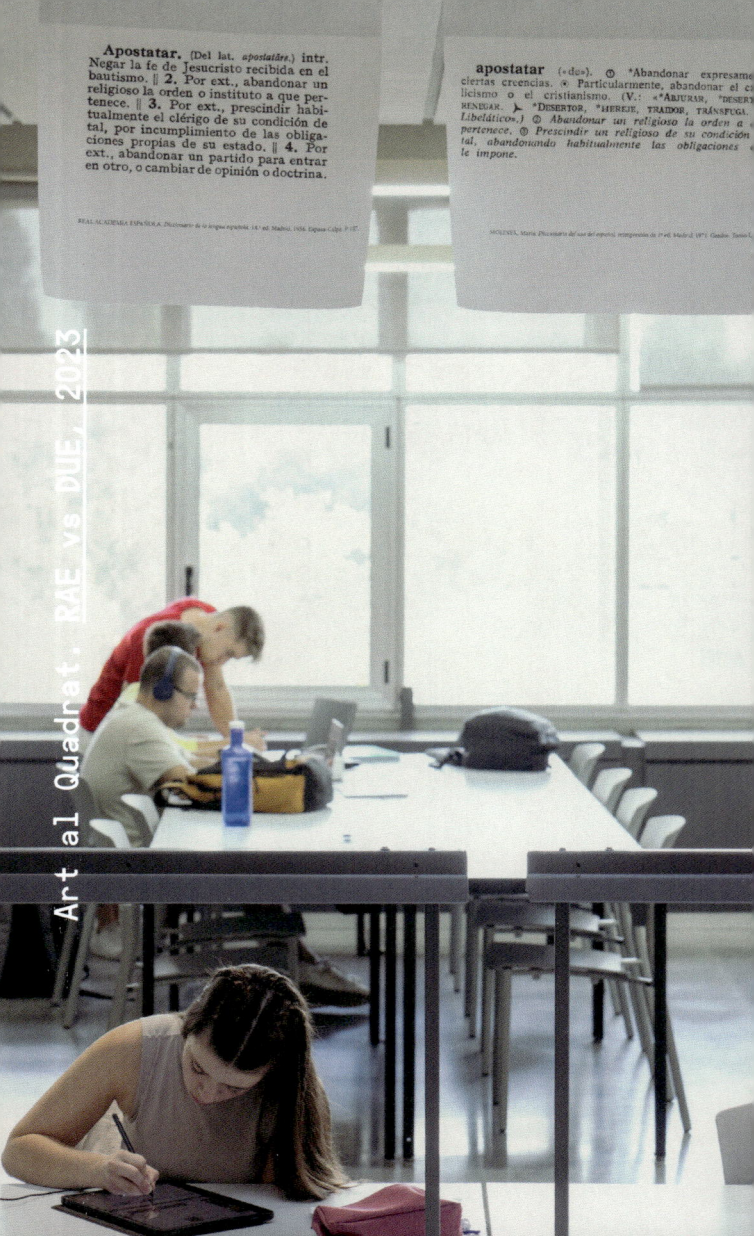

Apostatar. (Del lat. *apostatāre*.) intr. Negar la fe de Jesucristo recibida en el bautismo. ǁ **2.** Por ext., abandonar un religioso la orden o instituto a que pertenece. ǁ **3.** Por ext., prescindir habitualmente el clérigo de su condición de tal, por incumplimiento de las obligaciones propias de su estado. ǁ **4.** Por ext., abandonar un partido para entrar en otro, o cambiar de opinión o doctrina.

REAL ACADEMIA ESPAÑOLA. *Diccionario de la lengua española*. 14.ª ed. Madrid, 1914. Espasa-Calpe. P. 117.

apostatar (-de»). ① *Abandonar expresame[nte]* ciertas creencias. ② Particularmente, abandonar el c[a]-tolicismo o el cristianismo. (V.: «*ABJURAR*, *DESERT[AR]* RENEGAR». ⟩• *DESERTOR*, *HEREJE*, TRAIDOR, TRÁNSFUGA, *Libelático*.) ② *Abandonar un religioso la orden a [que]* pertenece. ③ *Prescindir un religioso de su condición [de]* tal, abandonando habitualmente las obligaciones [que] le impone.

MOLINER, María. *Diccionario del uso del español*. reimpresión de 1.ª ed. Madrid 197[ ]. Gredos. Tomo I[ ].

Señor, ra. (Del lat. *senior, -ōris.*) adj. Dueño de una cosa; que tiene dominio y propiedad en ella. Ú. t. c. s. ‖ **2.** fam. Noble, decoroso y propio de **señor**, especialmente hablando de modales, trajes y colores. ‖ **3.** fam. Antepuesto a algunos nombres, sirve para encarecer el significado de los mismos. *Se produjo una SEÑORA herida; me dio un SEÑOR disgusto.* ‖ **4.** m. Por antonom., Dios, 1.ª acep. ‖ **5.** Jesús en el sacramento eucarístico. ‖ **6.** V. **Casa, día, ministro del Señor.** ‖ **7.** Poseedor de estados y lugares con dominio y jurisdicción, o con sólo prestaciones territoriales. ‖ **8.** Título nobiliario. ‖ **9.** **Amo,** 3.ª acep. ‖ **10.** Término de cortesía que se aplica a cualquier hombre, aunque sea de igual o inferior condición. ‖ **11.** fam. **Suegro.** ‖ **12.** desus. Título que se anteponía al nombre de los santos. SEÑOR *san Pedro; el* SEÑOR *Santiago.* Ú. en Asturias. ‖ **de horca y cuchillo.** Señor que tenía jurisdicción para castigar hasta con pena capital. ‖ **2.** fig. y fam. Persona que manda como dueño y con mucha autoridad. ‖ **del argamandijo.** Dueño del argamandijo. ‖ **de los ejércitos.** Dios, 1.ª acep. ‖ **de salva.** ant. Personaje de mucha distinción o de elevada jerarquía. ‖ **de sí.** Dueño de sí mismo. ‖ **mayor.** Hombre respetable, de edad avanzada. [...]

señor, -a. (Del lat. *sénior, -is*, compar. de «sénex», viejo; v.: «sene; micer, monseñor», y variantes del nombre en el catálogo de la acep. 3.) ① Persona que no pertenece a las clases populares, esto es, que no se gana la vida trabajando corporalmente y lo denota así en su traje o aspecto. Se emplea esta designación cuando se quiere establecer la diferencia: 'Se puso el traje nuevo y parecía un señor'. Pero, en general, se llama así a cualquier persona cuyo nombre se desconoce o a la que no interesa designar por él: '¡Señor!: se le ha caído el pañuelo. Esta señora es la portera de mi casa'. ⊙ Lo anteponen como *tratamiento las personas del pueblo al nombre propio, para tratarse entre sí las que no tienen mucha intimidad, o para tratar a las de más edad: 'Mi vecina la señora María'. ⊙ También les aplican ese mismo tratamiento las personas de otra clase social cuando no se permiten el trato de superioridad de llamarlas solamente por el nombre o el apellido: 'Este paquete es para que lo lleve el señor Ramón a su destino'. ⊙ Se antepone como tratamiento al apellido en cualquier caso: 'El señor Benítez'. ⊙ También al nombre de un cargo: 'El señor secretario. El señor cura'. ⊙ Puede aplicarse también a los nombres de cargos subalternos: 'El señor conserje. La señora portera'; pero en muchos casos suena jocoso. ⊙ Se antepone también a cualquier otro tratamiento: 'El señor doctor. La señora marquesa'. A veces se antepone a «don» cuando se habla de la persona en cuestión, pero no cuando se le habla a ella: 'El señor don Juan García'; se hace siempre en los sobres y encabezamientos, escrito «Sr. D.». Antiguamente, se anteponía también a «san»: 'El señor san Juan'. (V. referencias en la acep. 3.) ② (escrito con mayúscula). Se aplica por antonomasia a Dios, particularmente considerado en la *Eucaristía: 'La casa del Señor. Recibir al Señor'. ⊙ Persona que, en el régimen feudal, con ese nombre como título de nobleza, poseía y 'gobernaba cierto territorio': 'El señor de Albarracín. Señores y vasallos' (V.: «DAMA, DAMISELA, DUEÑA, MADAMA, MAESTRESA, ÑO, RICADUEÑA, RICAFEMBRA, RICAHEMBRA. [...]

MOLINER, María: *Diccionario del uso del español*, reimpresión de 1ª ed. Madrid, 1971. Gredos. Tomo II, p. 1161.

Feminismo. (Del lat. *femina*, mujer, hembra.) m. Doctrina social favorable a la condición de la mujer, a quien concede capacidad y derechos reservados hasta ahora a los hombres.

anticlerical (adj. y n.). Se aplica a las personas que tienen animadversión contra el clero o son contrarias a la intervención de la Iglesia en asuntos no religiosos. (V. «*ECLESIÁSTICO*».)

REAL ACADEMIA ESPAÑOLA: *Diccionario de la lengua española*, 18.ª ed. Madrid, 1956. Espasa-Calpe, P. 615.

MOLINER, María: *Diccionario del uso del español*, reimpresión de 1ª ed. Madrid, 1971. Gredos. Tomo I, p. 195.

Anticlerical. adj. Contrario al clericalismo. Apl. a pers., ú. t. c. s.

REAL ACADEMIA ESPAÑOLA: *Diccionario de la lengua española*, 18.ª ed. Madrid, 1956. Espasa-Calpe, P. 95.

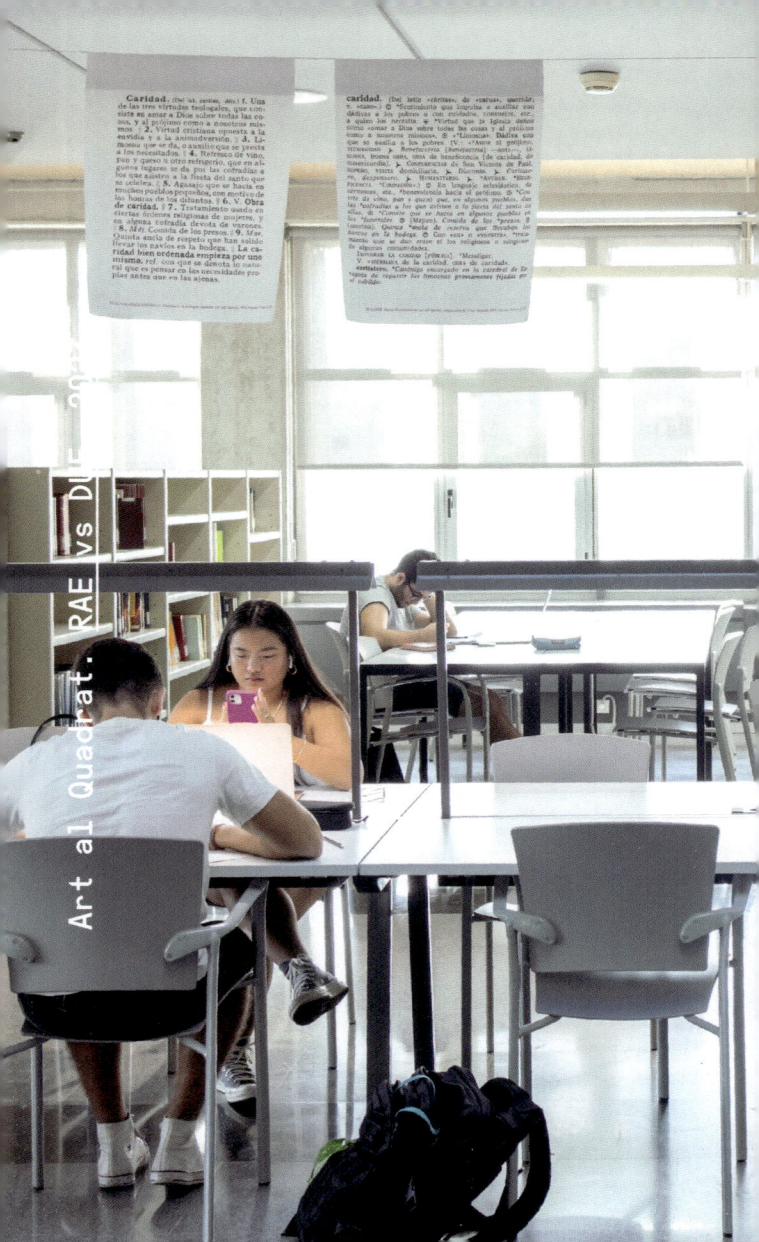

Art al Quadrat. RAE vs DLE

Caridad. (Del lat. *caritas, -ātis*.) f. Una de las tres virtudes teologales, que consiste en amar a Dios sobre todas las cosas, y al prójimo como a nosotros mismos. ǁ 2. Virtud cristiana opuesta a la envidia y a la animadversión. ǁ 3. Limosna que se da, o auxilio que se presta a los necesitados. ǁ 4. Refresco de vino, pan y queso u otro refrigerio, que en alguna legares se da, por las cofradías a los que asisten a la fiesta del santo que se celebra. ǁ 5. Agasajo que se hacía en muchos pueblos pequeños, con motivo de los huesos de los difuntos. ǁ 6. V. **Obra de caridad.** ǁ 7. Tratamiento usado en ciertas órdenes religiosas de mujeres, y en alguna cofradía devota de varones. ǁ 8. *Mar.* Comida de los presos. ǁ 9. *Mar.* Quinta ancla de respeto que han salido llevar en navíos en la bodega. ǁ **La caridad bien ordenada empieza por uno mismo.** *ref.* con que se denota la natural que es pensar en las necesidades propias antes que en las ajenas.

caridad. (Del latín *«cāritas»* de *«cārus»*, querido, v. *«caro»*.) ① *f.* Sentimiento que impulsa a auxiliar necesidades a los pobres o con cuidados, consuelo, etc., a quien lo necesita ⊕ *«Virtud que la Iglesia define como amor a Dios sobre todas las cosas y al prójimo como a nosotros mismos.»* ② *«Limosna: Dádiva con que se auxilia a los pobres.»* (V. *«Amor al prójimo», «hermano».*) ▷ Estructura (frecuencia) ―acto―... (la) mayor, buena obra, obra de beneficencia [de caridad, de misericordia]. ▷ Conservadora de San Vicente de Paúl, *caritas*, recta domiciliaria. ▷ Ejercer la. ▷ Fortuna en, dispensar. ▷ HUMANITARIO. ▷ *«Altas, Sincero», «desvalido».* ② En lenguaje eclesiástico, de vermouts, etc., *«benevolencia hacia el prójimo.»* ⊕ *«Comida de vino, pan o queso que, en algunos pueblos, dan las cofradías a los que acuden a la fiesta del santo de ellas.»* ② *«Comida que se hacía en algunos pueblos en los funerales.»* ② (Mayúsc.) Comida de los *«presos [cárceles]. Quinta ancla de reserva que llevaban los barcos en la bodega.* ⊕ Con esto e viceversa, *«exclamación que se dice entre sí los mínimos o religiosos o religiosas de algunas comunidades.»*

Invocación la caridad [*¡Por!*]. *Mendigar.*
V. *«HERMANA de la caridad, casa de caridad.»*
caritatero. «Cantingo encargado en la cárcel de Zaragoza de repartir las limosnas previamente fijadas por el solidico.»

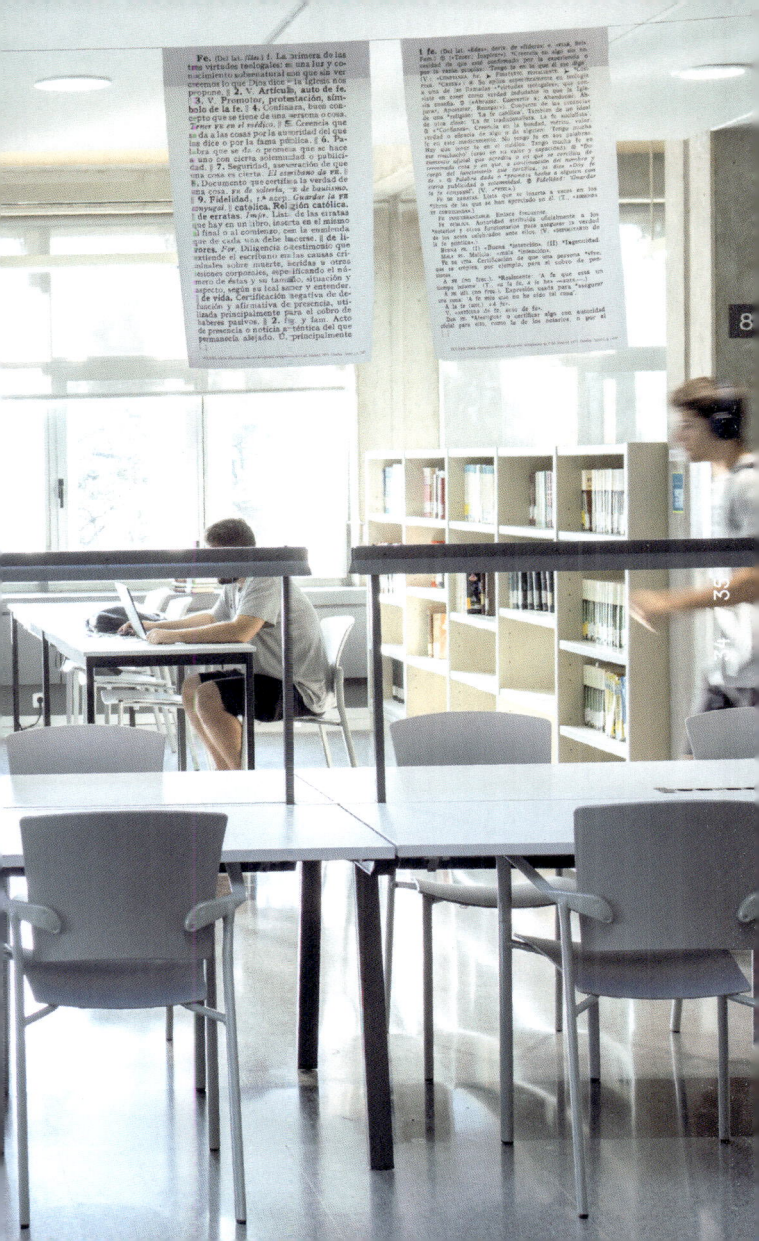

Campus de Burjassot:
Facultat de Química, exteriors.

Voces que cuidan

(Elena Sanmartín Hernández
i Santiago Fernández Honrubia)
Equip de neteja del Campus
de Burjassot, 2023

12 impressions en color
sobre vinil adhesiu,
150 x 95 cm c/u,

relats orals i passejada sonora

Equip de neteja del Campus de Burjassot és una narració sonora que convida a conèixer la feina que fan les treballadores de la neteja de la Universitat de València, un treball imprescindible perquè la comunitat universitària puga dur a terme les seues tasques d'investigació, administració i ensenyament. Aquesta peça se suma a *Voces que cuidan*, projecte artístic i de mediació cultural que recull i arxiva el relat de les treballadores professionals de la llar, la neteja i les cures.

En aquest arxiu sonor sentim les veus de Mabel, Pili, Dolores, Estela, Pilar, Jenny i Araceli, que ens conten com és la seua jornada laboral: quins estris i quin uniforme les acompanyen; quines lesions pateix el cos a causa dels moviments que fan de forma repetitiva; quines instruccions reben i com treballen en espais complexos, com ara els laboratoris de química; com es relacionen amb la resta de persones que treballen i habiten les facultats; i, finalment, quina relació estableixen entre elles com a companyes.

Aquestes veus s'entrellacen amb els sons que elles mateixes fan mentre netegen. Mentre s'escolten els testimonis sobre què significa treballar en l'equip de neteja d'una universitat, sona de fons el frec d'una baieta, una mopa lliscant per terra o l'agradable xuf-xuf d'un polvoritzador de netejavidres.

L'enregistrament, a més a més, s'acompanya de dibuixos d'allò que es narra en els àudios, element que ens ajuda a crear nous imaginaris de representació sobre el treball de neteja i les cures en la història de l'art.

↓

Projecte realitzat amb la il·lustradora Elena Llamas Aliaga i amb la col·laboració de Mabel Fuster, Pili Martínez, Dolores Muñoz, Estela Cerverón, Pilar Lafuente, Jennifer Pradillo i Araceli Ruiz (personal de neteja del Campus de Burjassot) en la fase de mediació que comporta la producció de l'obra.
S'inclogué una passejada sonora pel Campus de Burjassot.

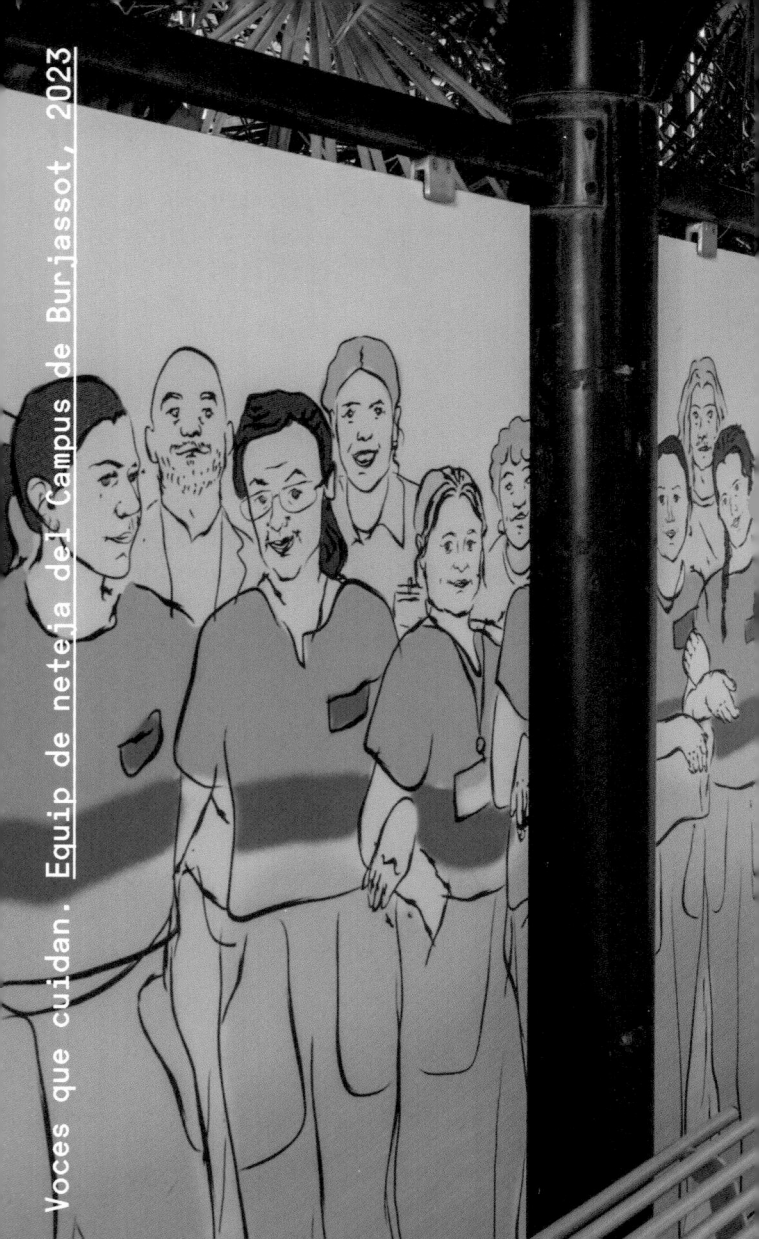

Voces que cuidan. Equip de neteja del Campus de Burjassot, 2023

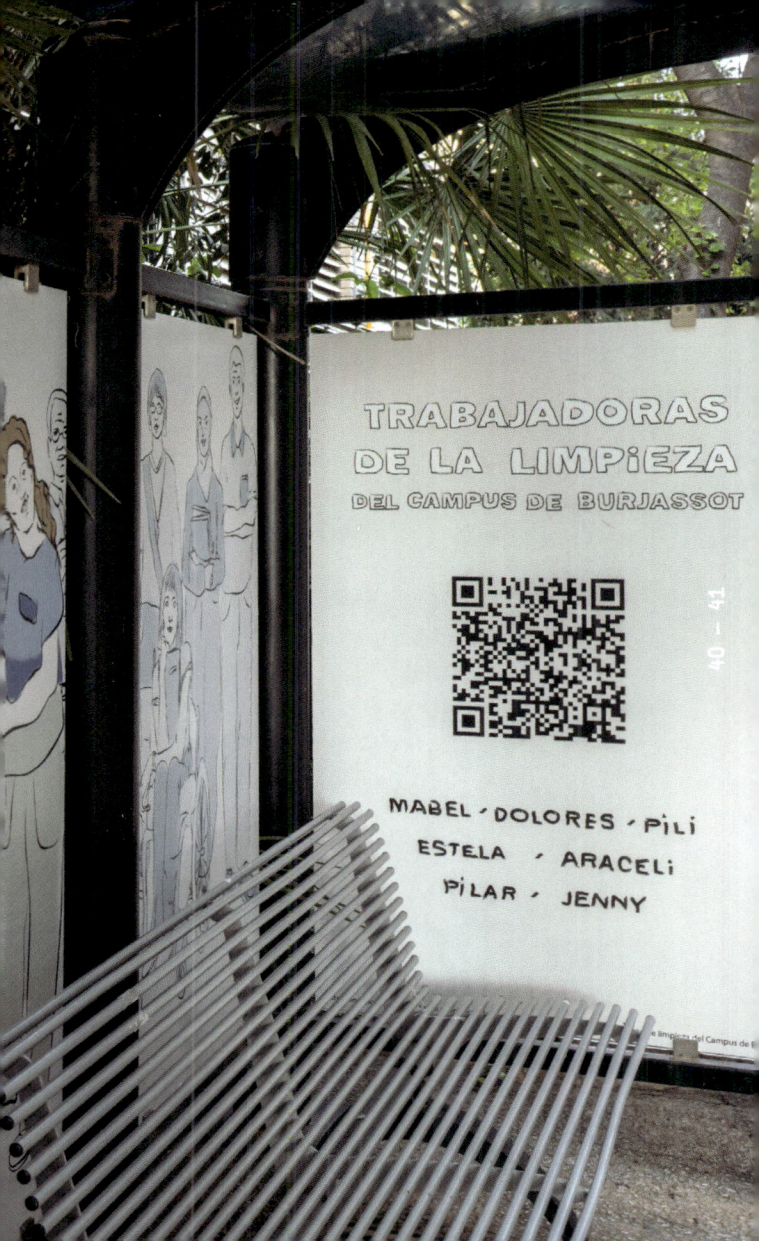

TRABAJADORAS DE LA LIMPIEZA

DEL CAMPUS DE BURJASSOT

MABEL · DOLORES · PILI

ESTELA · ARACELI

PILAR · JENNY

Voces que cuidan. Equip de neteja del Campus de Burjassot, 2023

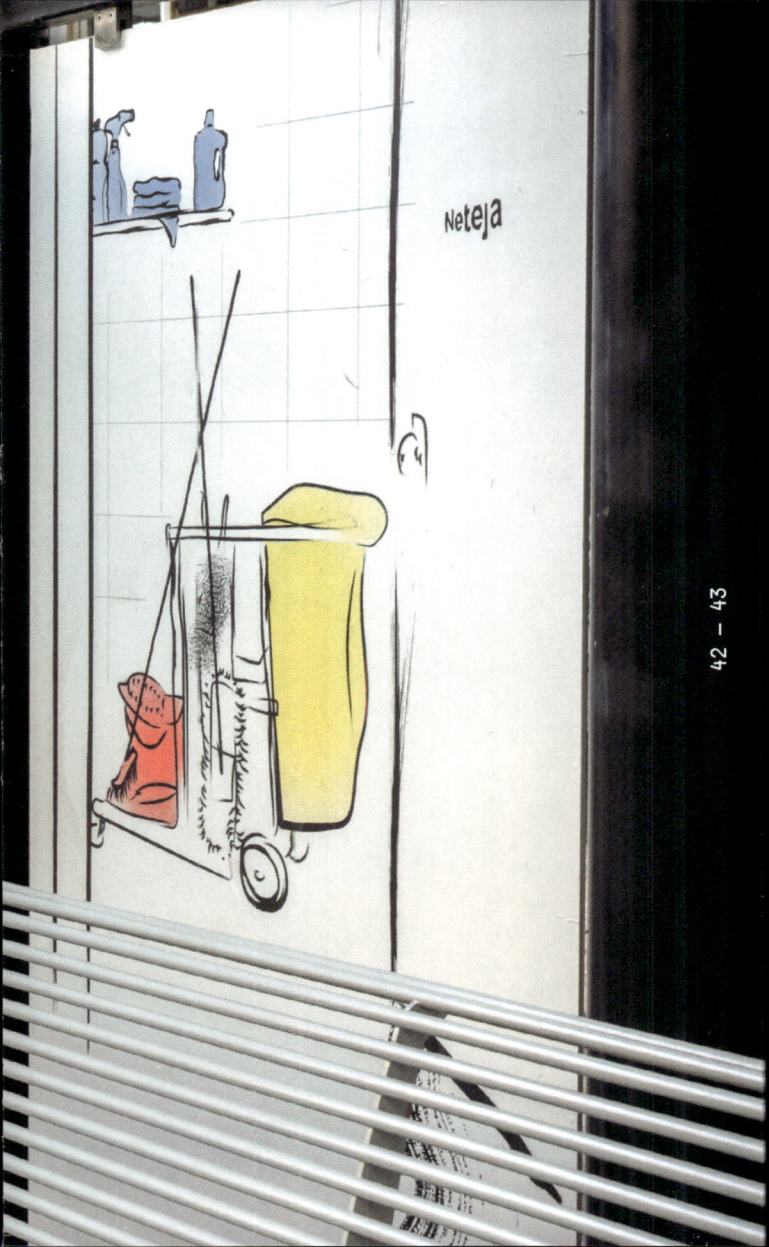

Neteja

Campus de Burjassot:
Facultat de Física, bloc C, planta baixa.

Micaela Maisa

Òptica i metàfora, 2023

6 elements, impressió digital, lents, pel·lícules, suport metàl·lic articulat, mides variables

Òptica i metàfora es compon d'una sèrie de peces que proposen fer llum sobre la línia que uneix l'art, l'òptica i l'epistemologia amb el terreny visual. Les metàfores d'allò que és visual i òptic poblen la literatura sobre la manera en què entenem el coneixement i il·lustren una evident relació entre veure i conèixer.

Aquestes metàfores també poden servir-nos de far per a pensar críticament en les maneres de veure, i especular més enllà del reflex i l'objectivitat, tot rescatant la visió com un procés complex, social i, fins i tot, poètic, inscrit en un règim visual concret.

En aquest joc visual que proposa *Òptica i metàfora* no hi ha una resposta sinó una invitació al desplaçament. Disposat entre el moviment de les lents i les imatges, es planteja la possibilitat de crear lligams entre una tradició històrica i científica i una tradició poètica i quotidiana, mediada pels components físics i els metafòrics que intervenen en la mirada.

Seguint la invitació de Donna Haraway a apropar-se al pensament des del concepte de difracció, en comptes de refracció, ens plantegem obrir els ulls i reconèixer els múltiples filtres i lents que operen o interfereixen en les formes en què percebem i coneixem el món. A més, s'estableix una imatgeria que insinua l'equiparació de la llum amb el coneixement i la seua vinculació amb el bé, la divinitat o la mística, que està present en bona part de la tradició filosòfica occidental. Partint de la combinació de representacions científiques del funcionament de l'ull, la llum i la visió, representacions artístiques i imatges de fenòmens òptics atmosfèrics, es planteja un escenari que es presta a articular aquests conceptes, tot posant al mateix nivell totes aquestes manifestacions de la imatge.

↓
Projecte realitzat amb la col·laboració de Jesús Malo, Pas García, José Juan Esteve i María Amparo Díez, del Departament d'Òptica, Optometria i Ciències de la Visió de la Facultat de Física de la UV.

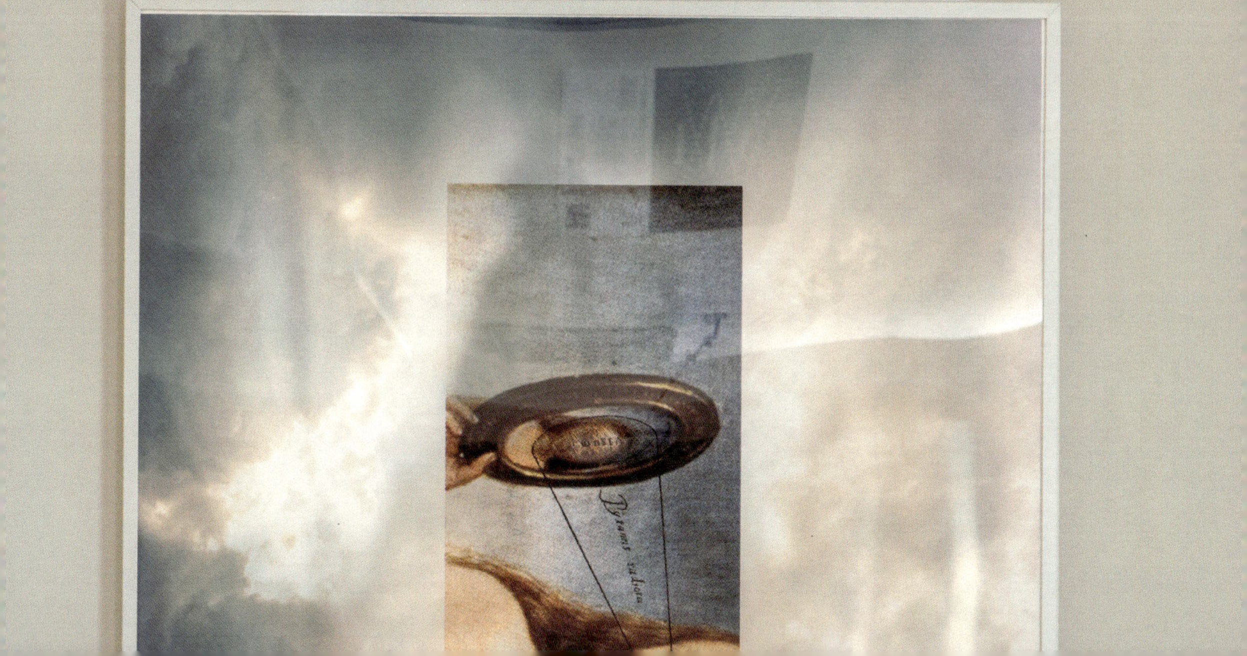

Micaela Maisa. <u>Òptica i metàfora, 2023</u>

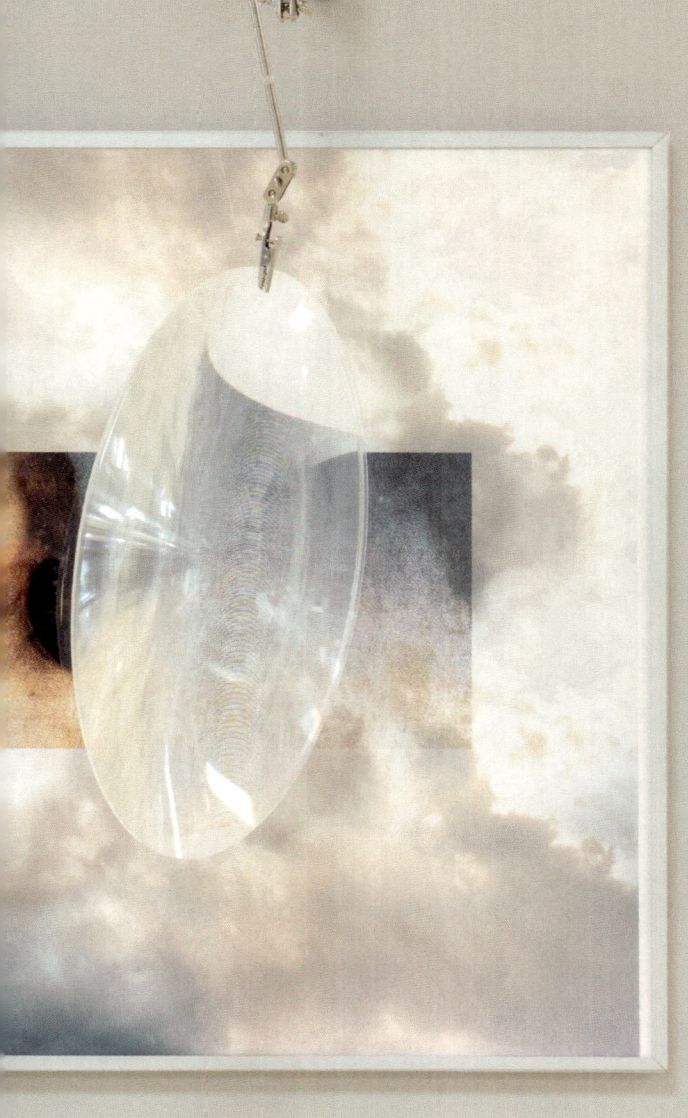

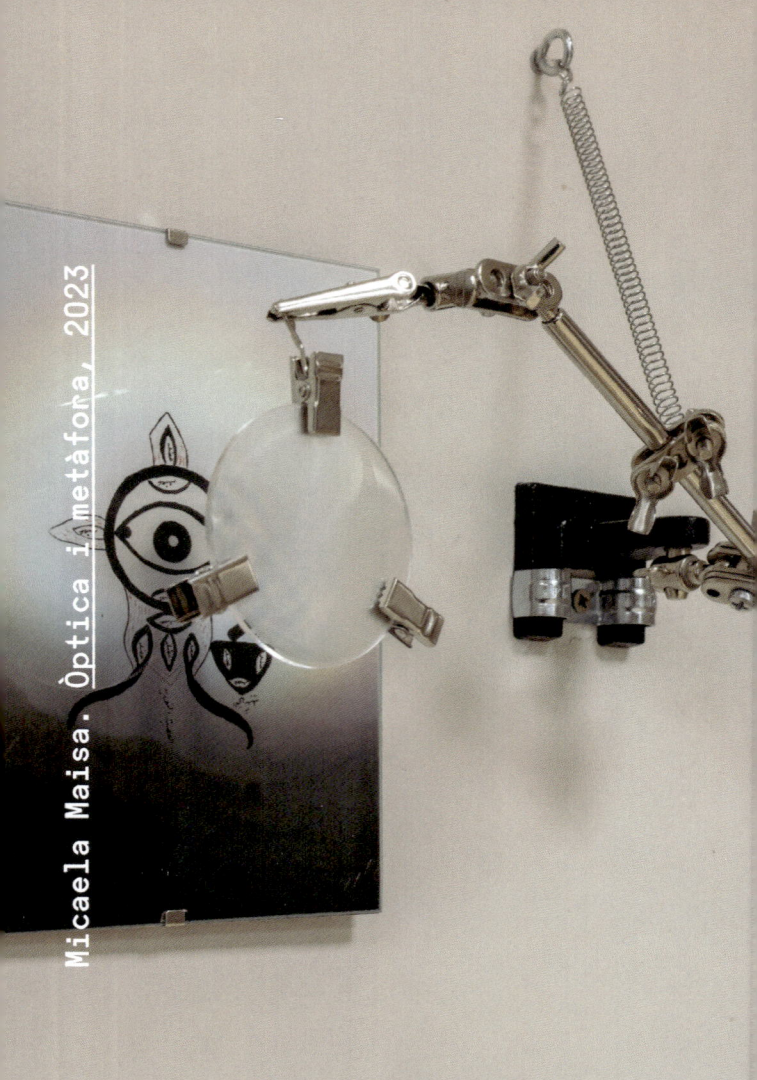

Micaela Maisa. Òptica i metàfora, 2023

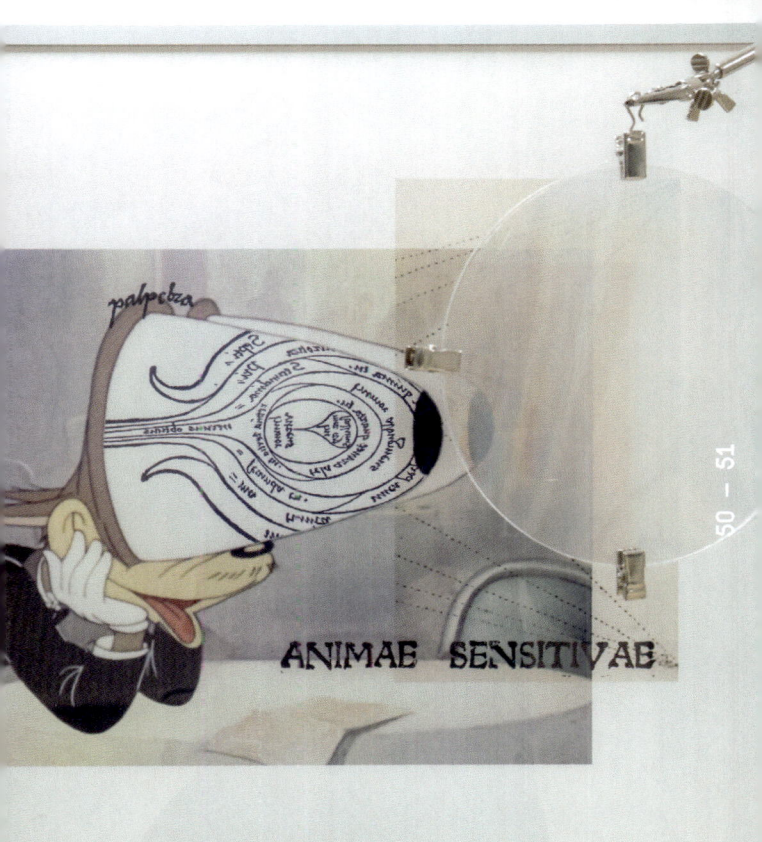

ANIMAE SENSITIVAE

Campus de Burjassot:
Museu d'Història Natural.

Valentina Alvarado Matos

Eren diürnes, però també nocturnes, 2023

Peça sonora, 11 min 04 s;

3 imatges impreses,

38 x 25 cm, 12 cm x 18 cm

i 40 cm x 30 cm

Aquell dia de núvols vaig conèixer una persona que dormia sota una palmera d'oli:
Elaeis guineensis
Elaeis guineensis Elaeis guineensis Elaeis guineensis.
Oli de nit i oli de dia
Va subratllar un text que deia: Col·loca un nivell en el desert, no hi arribaran perquè busquen rius i rierols.
Aquella nit se'm ficaren 3 cuques de llum a la boca.
Després una altra encara volia entrar-me a l'ull esquerre.
El vent d'esquenes va fer que es desviara.
Els cabells de Floren em voregen el colze esquerre i evitaren que me n'entraren més a la boca.
Vaig serrar les dents com si anara a unflar un globus, les tenia a les tres ballant i jo feia com si glopejara amb elles sense aigua.
Vaig obrir una mica la boca.
En va eixir una.
Vaig obrir com si anara a xiular i eixiren totes, alliberades per la meua gola.

(extracte d'*Eren diürnes, però també nocturnes*)

Què ens manté en un lloc? Com descrivim l'olor de terra seca?

Eren diürnes, però també nocturnes narra de forma ambivalent i fragmentària un record que remet a un paisatge però també a una experiència: una sensació corporal, en què el llenguatge ensopega, hi ha notes soltes, obsessions i alguns enregistraments de camp que construeixen un paisatge sonor que entrecreua sons de les latituds que em travessen.

El paisatge, a més de ser un espai geogràfic, és una experiència vital. Al fons del paisatge hi ha una vivència i, amb aquesta vivència, un sentit personal de l'entorn. La peça tradueix, com un conte oral, la descripció d'un territori proper amb el qual em relacione des de la diàspora i la memòria.

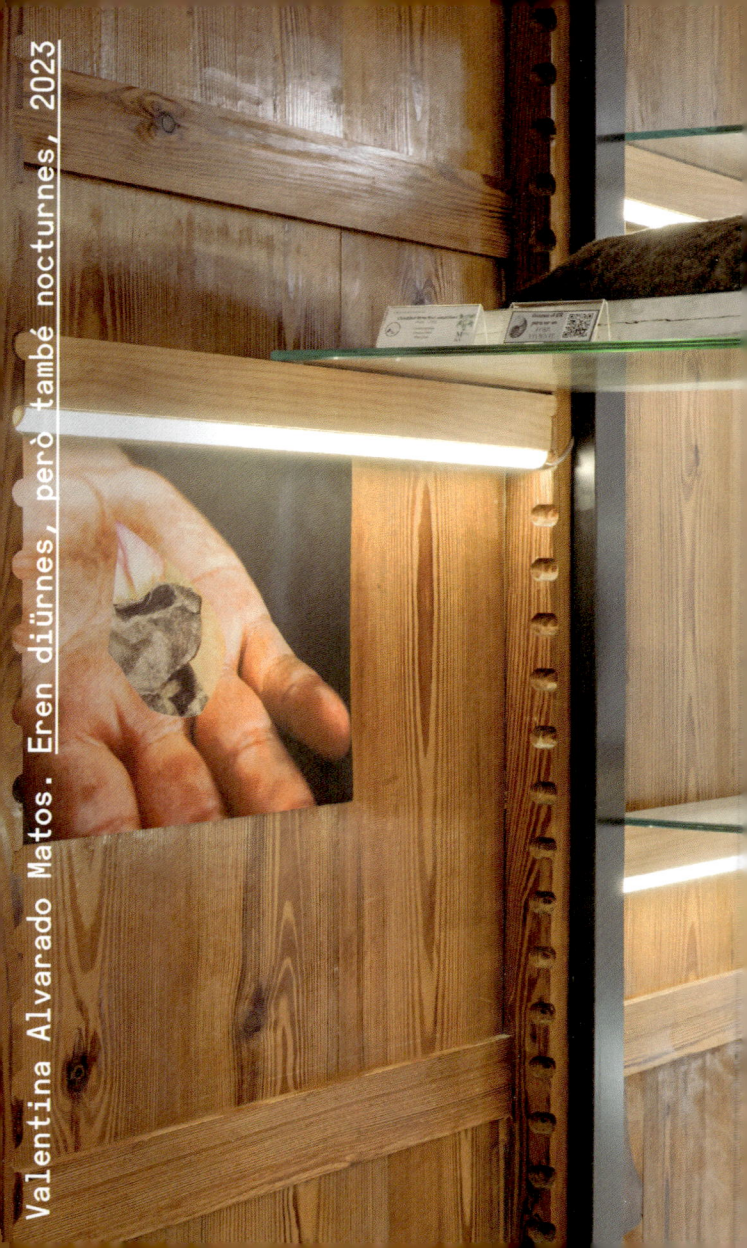

Valentina Alvarado Matos. Eren diürnes, però també nocturnes, 2023

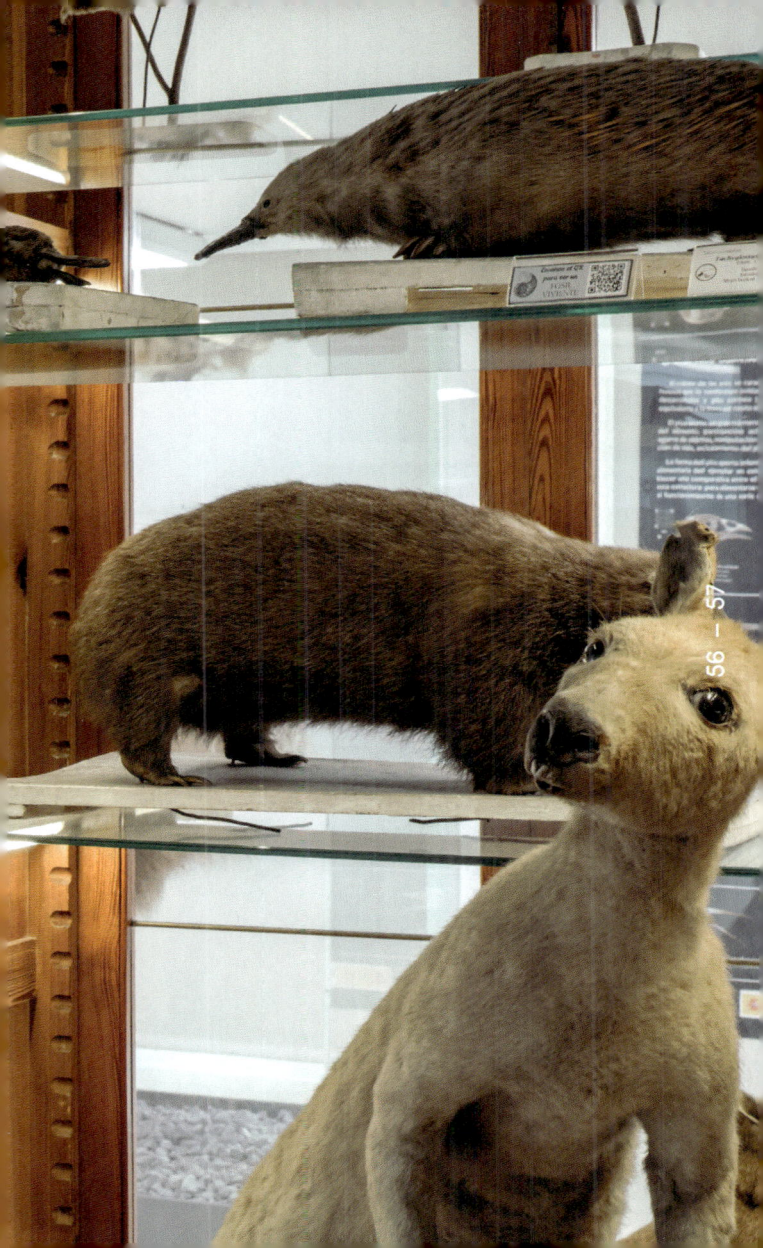

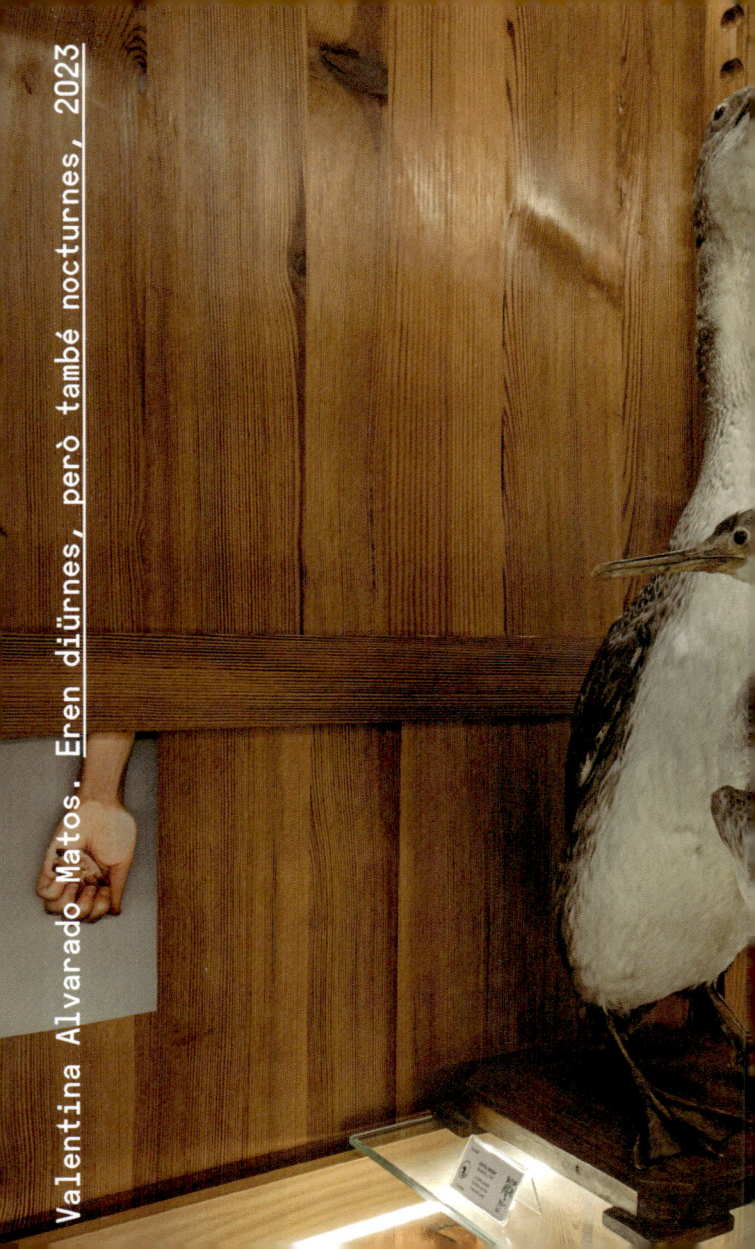

Valentina Alvarado Matos. Eren diürnes, però també nocturnes, 2023

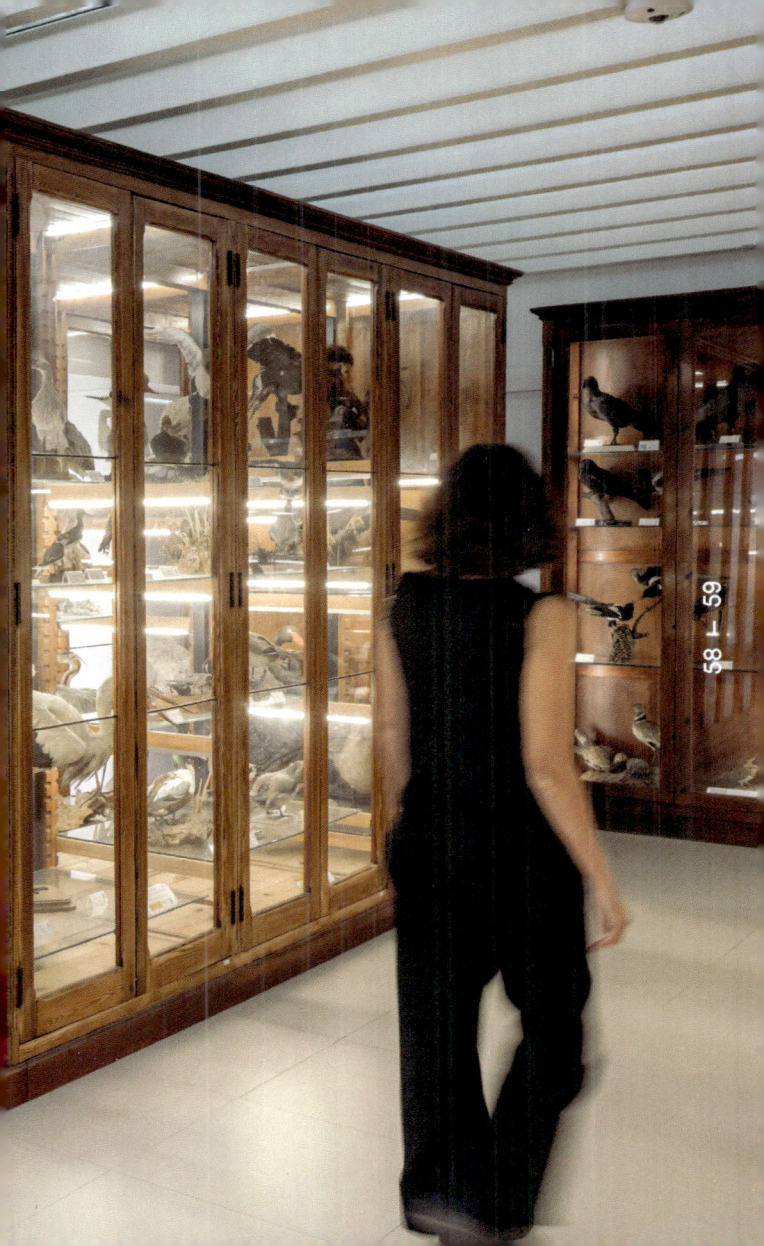

Campus de Burjassot:
Facultat de Ciències Biològiques,
bloc A, planta baixa.

Sara Torres

Fonaments de la fantasia
hetero-real, 2023

Impressió sobre paper,
metacrilat i fusta;
díptic, 80 x 90 x 20 cm c/u

Hi ha un primer moment de desig en la nostra història subjectiva? En quin moment i amb quines imatges comencem a desitjar? Una nena veu un documental amb els seus pares. En ell s'hi mostra la vida dels animals des d'una narració en què la veu en *off* sembla sostenir la veritat d'allò natural, i no un relat o perspectiva passada pel tamís de la cultura humana. En el documental, la xiqueta observa la vida organitzada en nàixer, alimentar-se, reproduir-se i morir; verbs que resumeixen el misteri vital que ens travessa a tots, la incontestable «natura». La sexualitat, orientada a la reproducció, es conjura en la imatge d'un cos potencialment violent que penetra i un cos potencialment passiu que és penetrat. La sexualitat s'imprimeix en la psique de la infantesa com una trobada natural entre un cos actiu i un de passiu. Així es constitueix, a través d'imatges i relats, tant de manera conscient com inconscient.

En desplegar tres capes de significat: text documental, text crític i text poètic, la peça presenta el procés de desidentificació del subjecte amb la fantasia «hetero-real». Aquest concepte fa referència a l'educació obligatòria en el binarisme heterosexual: fantasia hegemònica que participa en la regularització i normativització del desig i de les forces vitals dels cossos. El text crític citat pertany a l'assaig *La Pensée Straight* (El pensament heterosexual, 1992), de Monique Wittig, i el text poètic és compost per l'autora.

Aquest projecte visual, concebut per al context del Campus de Burjassot, a les zones de la Facultat de Biologia i del Museu d'Història Natural, ofereix un dispositiu de reflexió sobre les imatges i les idees que ens inicien en la cultura humana de la sexualitat a Occident. Així, la peça mostra com les narratives documentals sobre la vida natural tenen una perspectiva ideològica, i ens dirigeixen cap a una fórmula de desig basada en el binarisme i l'atracció entre rols oposats, que es presenten com a «complementaris». L'argument principal desenvolupat és que la nostra educació en el desig és compartida i que les imatges documentals que expliquen «allò natural» imprimeixen la norma heterosexual en la nostra fantasia els primers anys de vida.

↓
Peça produïda amb la col·laboració de l'artista Marta Velasco.

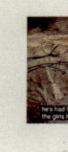
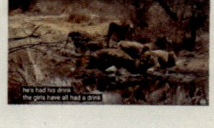

he's had his drink
the girls have all had a drink

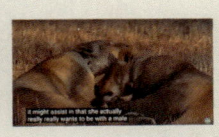

it might assist in that she actually
really wants to be with a male

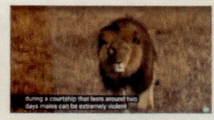

during a courtship that lasts around two
days males can be extremely violent

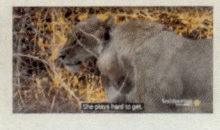

She plays hard to get.

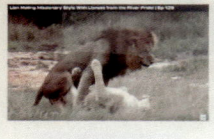
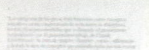

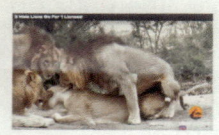

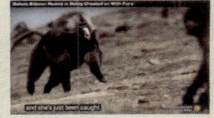

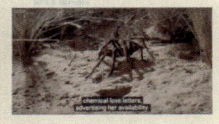

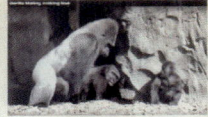

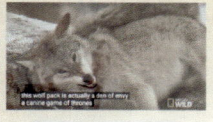

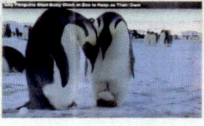

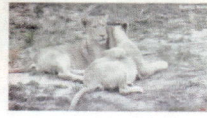

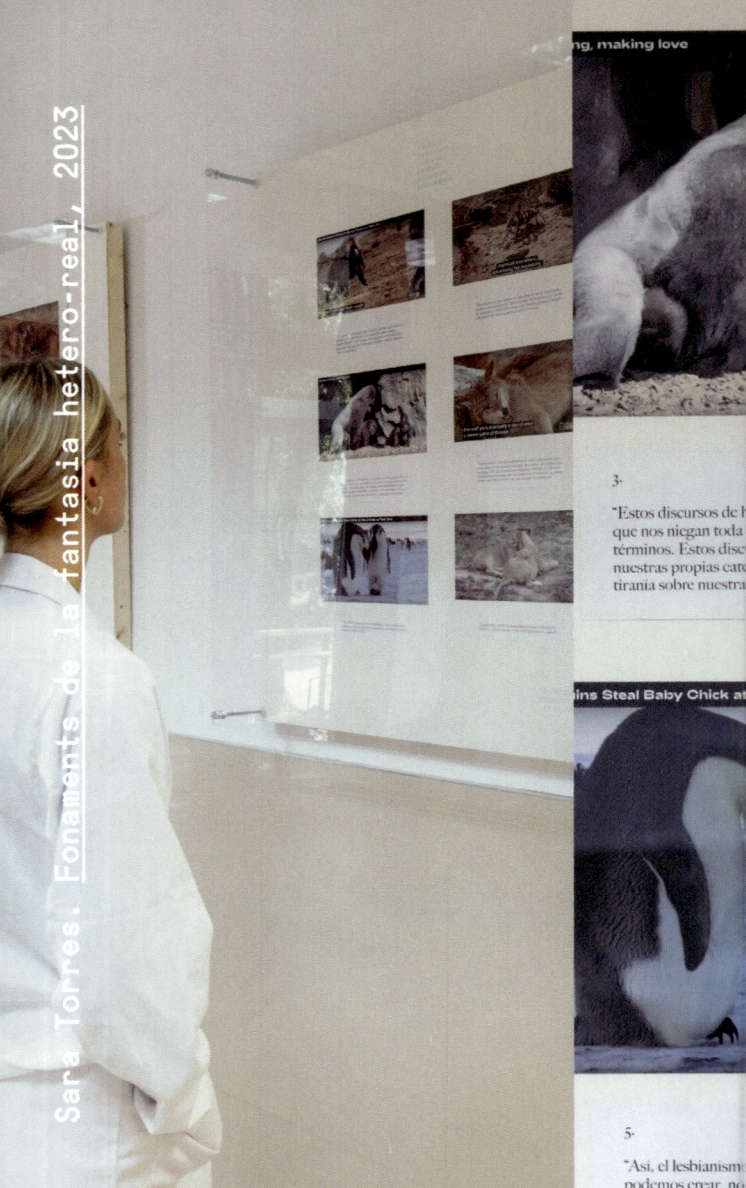

...ng, making love

3.
"Estos discursos de h
que nos niegan toda
términos. Estos disc
nuestras propias cat
tiranía sobre nuestra

...ins Steal Baby Chick at

5.
"Así, el lesbianism
podemos crear, no
siempre hayan exis

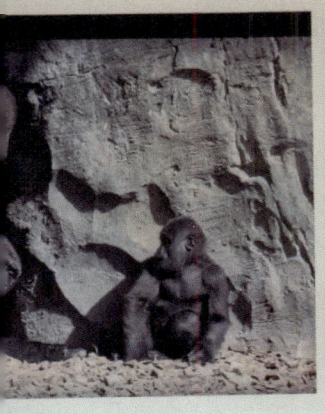

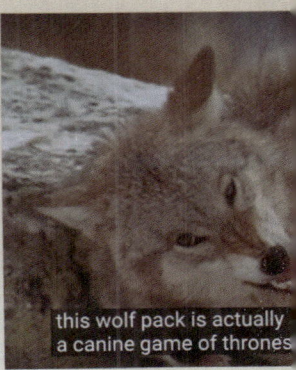

this wolf pack is actually a canine game of thrones

ad nos oprimen en la medida en
hablar si no es en sus propios
an toda posibilidad de crear
ión sobre nosotras es feroz, su
cas y mentales es incesante."

"Esta tendencia a la unive
pensamiento heterosexu
sociedad, en la que la he
las relaciones humanas, s
tiempo que todos los pro

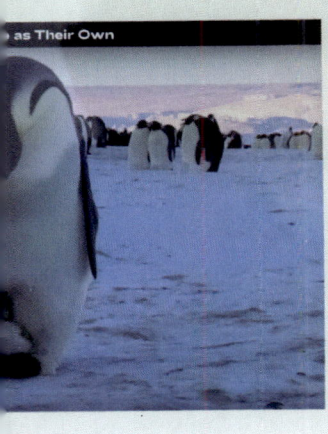

as Their Own

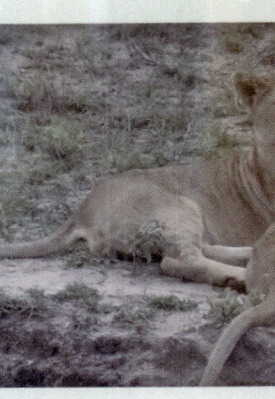

"Igualmente, cuando e
homosexualidad, ésta

alidad, y las sociedades que
nsadas o enunciadas, aunque

Campus de Burjassot:
Façanes de la Fac. de Física, Fac. de Química,
Fac. de Ciències Biològiques, Fac. de
Ciències Matemàtiques, Edifici d'Investigació
Jeroni Muñoz, Edifici de Deganats, Servei
d'Informàtica, Sedi i Museu d'Història Natural.

Laura Marte

Odònim Burjassot, 2023

Vinil sobre alumini,
40 x 50 cm c/u

Odònim Burjassot es planteja com un assaig visual de memòria i feminisme que tracta de fer evident la manca de presència de noms de dones en l'espai públic —tan sols arriben al 8%— i la falta de referents femenines en els sistemes educatius. La proposta recupera noms de dones acadèmiques, invisibilitzades per l'efecte *Matilda* i oblidades dins els programes curriculars. Així, s'han denominat els següents carrers amb noms de dones acadèmiques:

- Facultat de Física: carrer de Marie Curie, Premi Nobel de Física en 1903 (la primera dona a obtenir aquest guardó) i Premi Nobel de Química en 1911.
- Facultat de Química: carrer de Lise Meitner. Meitner desenvolupà la teoria que explica el procés de la fissió nuclear, però el Comitè dels Nobel adjudicà el premi al seu col·lega Otto Hahn en 1944. L'element 109 es diu *meitneri* en el seu honor.
- Facultat de Ciències Biològiques: carrer de Margarita Salas. Contribuí en la determinació de la direccionalitat de la lectura de la informació genètica i en el descobriment de l'ADN.
- Facultat de Ciències Matemàtiques: carrer d'Emmy Noether. En matemàtiques revolucionà les teories dels anells, cossos i àlgebres; en física, el teorema que explica la connexió fonamental entre la simetria i les lleis de conservació.

- Centre d'Investigació Jeroni Muñoz: carrer de Rosalind Franklin. Fou l'autora de *Photography 51*, considerada la «pedra filosofal de la biologia molecular» i codescubridora de la doble hèlix d'ADN, però no rebé el Premi Nobel en 1962.
- Deganats: carrer d'Olimpia Arocena Torres. El 1930 esdevingué la primera dona professora universitària de la Universitat de València en la Facultat de Filosofia i Lletres.
- Servei d'Informàtica: carrer d'Ada Lovelace. Fou la primera en adonar-se que una màquina podia manipular no sols números per a obtenir resultats aritmètics, sinó també símbols, i que les operacions simbòliques podrien proporcionar un resultat algebraic.
- Sedi: carrer de Carmen Valero Gimeno. Mestra, intel·lectual, feminista i sindicalista. Fundadora del partit polític Esquerra Republicana a Oliva. Reivindicà una escola integradora i igualitària que eliminara la discriminació de gènere en el sistema educatiu.
- Museu d'Història Natural: carrer de Jane Goodall. Doctora en Etologia. El seu treball ha estat fonamental per a la protecció dels ecosistemes i la promoció d'un estil de vida més sostenible.

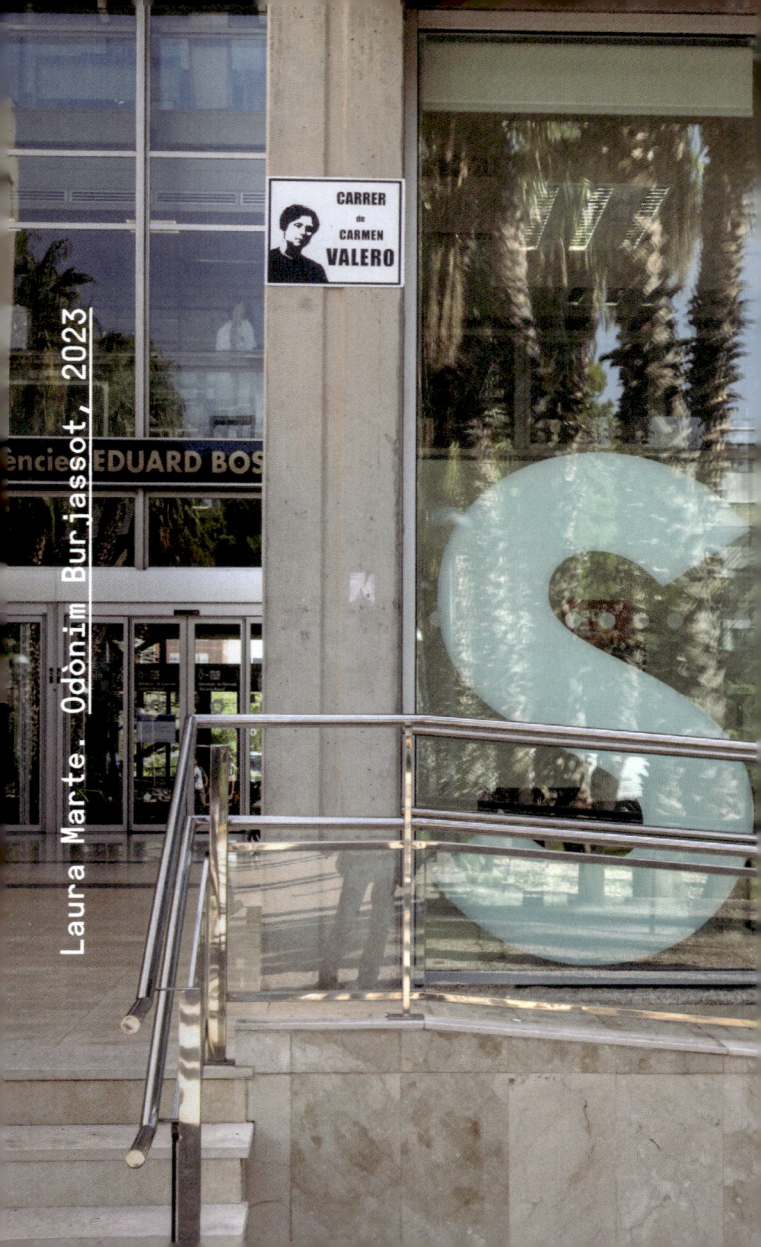

CARRER
de
CARMEN
VALERO

ència..... EDUARD BOS

Laura Marte. Odònim Burjassot, 2023

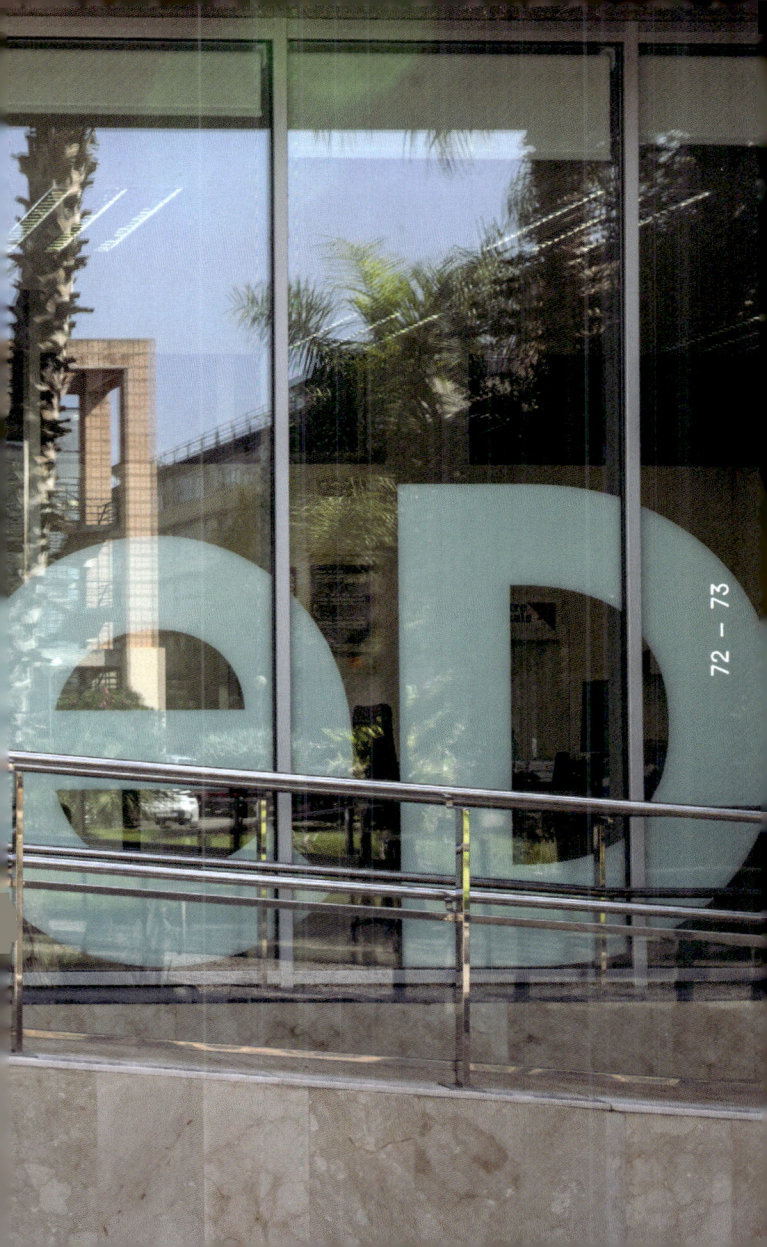

72 — 73

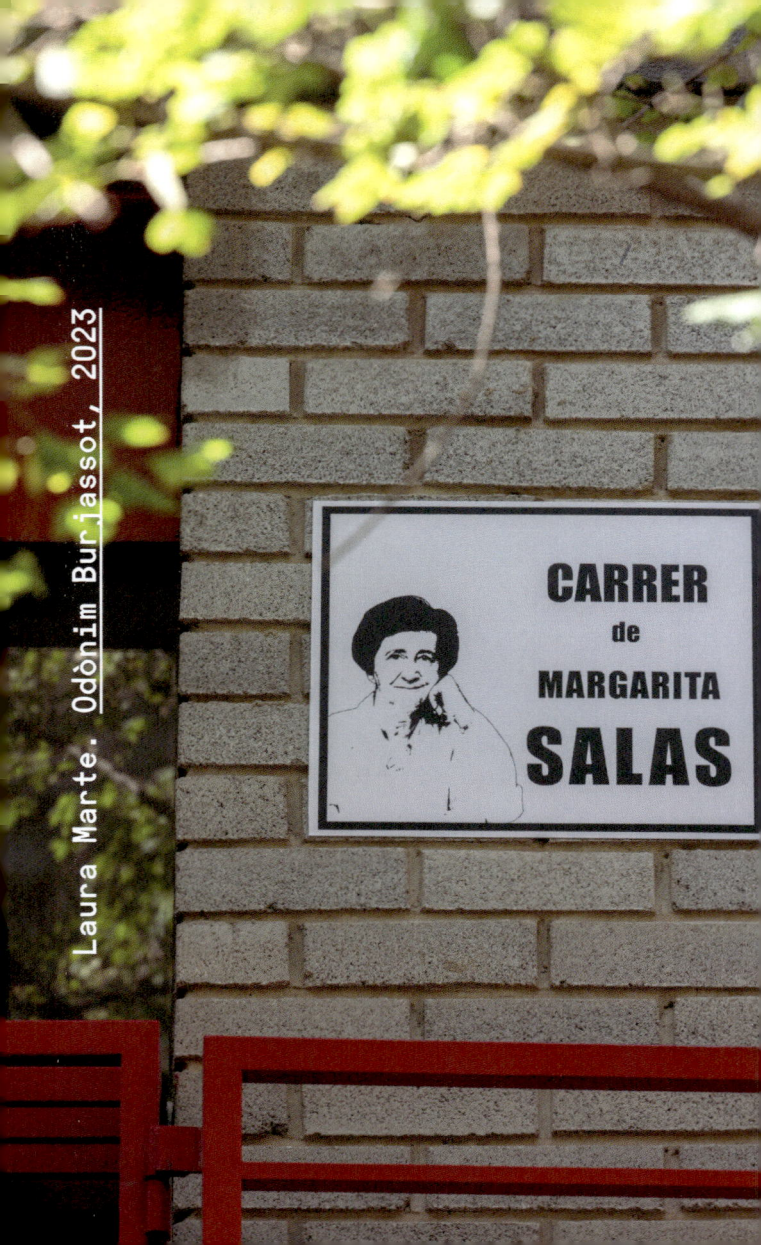

CARRER de MARGARITA SALAS

Laura Marte. Odònim Burjassot, 2023

CARRER
de
JANE
GODALL

Campus de Blasco Ibáñez:
Edifici de Rectorat, vestíbul.

Amanda Moreno

Subterraneum laboratorium, 2023

Instal·lació, 7 peces de vidre de borosilicat sobre suport, mides variables, lectura performativa

Subterraneum laboratorium pren com a objecte d'estudi la història de la química des d'un període inicial, quan es coneix com alquímia, passant per un desenvolupament posterior, en què es concep com a ciència, fins als nostres dies, on podem afirmar que vivim en un món plenament químic. Aquesta recerca artística se centra en les conseqüències ecològiques d'aquest desbordament químic i la seua relació amb la proliferació de malalties ambientals emergents. El projecte es desenvolupa en una conjunció de coneixements de temps alterns que es pretenen rescatar aprofundint en les relacions entre salut i malaltia, contaminació i natura, i química, alquímia i espagírica.

Subterraneum laboratorium se materialitza en un conjunt de peces de vidre de borosilicat amb l'aparença de cossos-atifells que ens aproximen a l'imaginari dels recipients químics i a l'anatòmic establint una correlació entre els processos alquímics, el cos humà i els seus processos de sanació. Aquestes peces són activades per l'artista a través d'una lectura performativa en la qual utilitza veu, so i diverses substàncies medicinals, així com l'espai en el qual es desenvolupa l'acció, l'edifici de Rectorat. Aquest edifici fou projectat el 1908 per l'arquitecte basc José Luis Oriol Urigüen i, al gran valor arquitectònic, d'estil ambigu, en què destaca la característica torre de l'art-decó valencià, s'hi afegeix el simbolisme que té, atés que l'edifici va ser dissenyat, originalment, per contenir la Facultat de Ciències de la Universitat de València.

↓

És important esmentar que les peces de vidre han estat realitzades en col·laboració amb el bufador de vidre científic Luís Javier Molina. Era rellevant incorporar en les peces els processos d'un saber aplicat a la ciència. Processos que són diferents al de la producció de vidre industrial o al del bufament de vidre en canya i que deixen la seua empremta. Es tracta, per tant, de petjades que es poden rastrejar en l'obra, i que hi aporten una altra capa de significat.
En aquest procés de recerca cientificohistòrica aplicada al treball, també ha col·laborat José Ramón Bertomeu Sánchez, director de l'Institut d'Història de la Medicina i de la Ciència López Piñero de la UV, amb el seu assessorament en fonts bibliogràfiques, especialment en relació amb la història de la toxicologia.

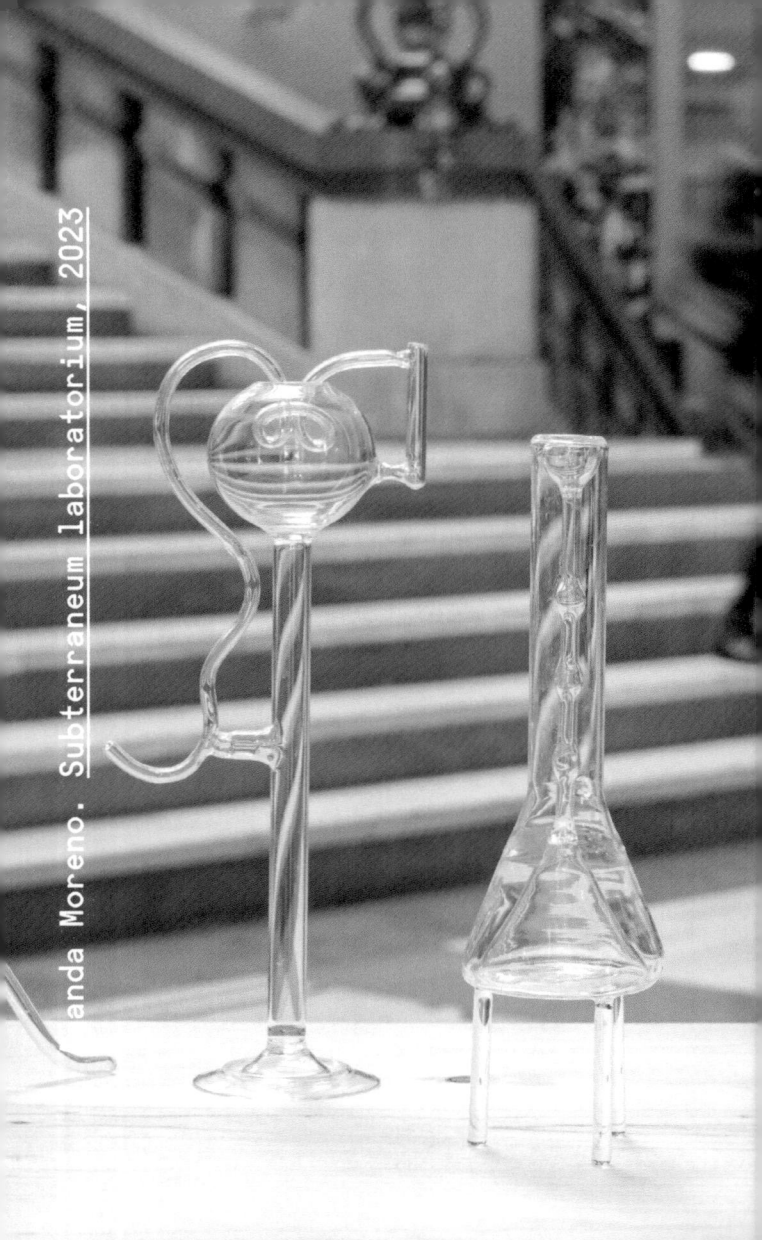

anda Moreno. Subterraneum laboratorium, 2023

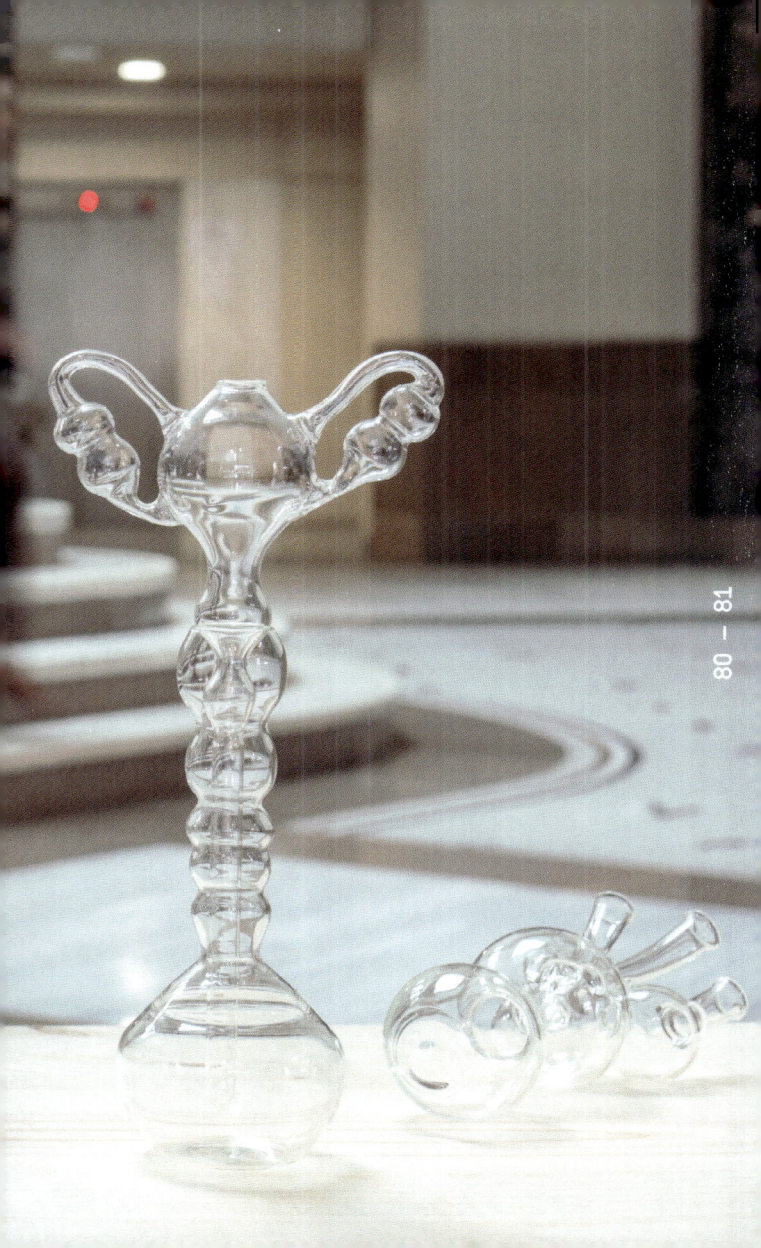

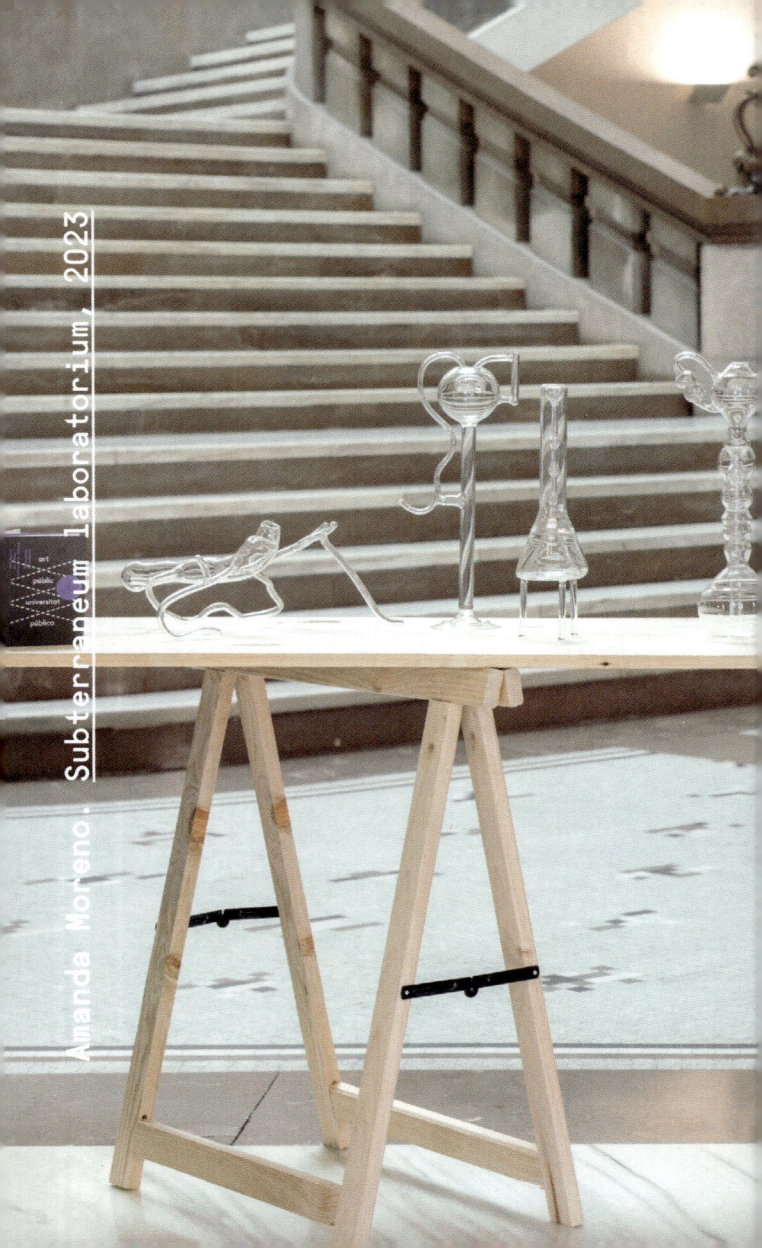

Amanda Moreno. Subterraneum laboratorium, 2023

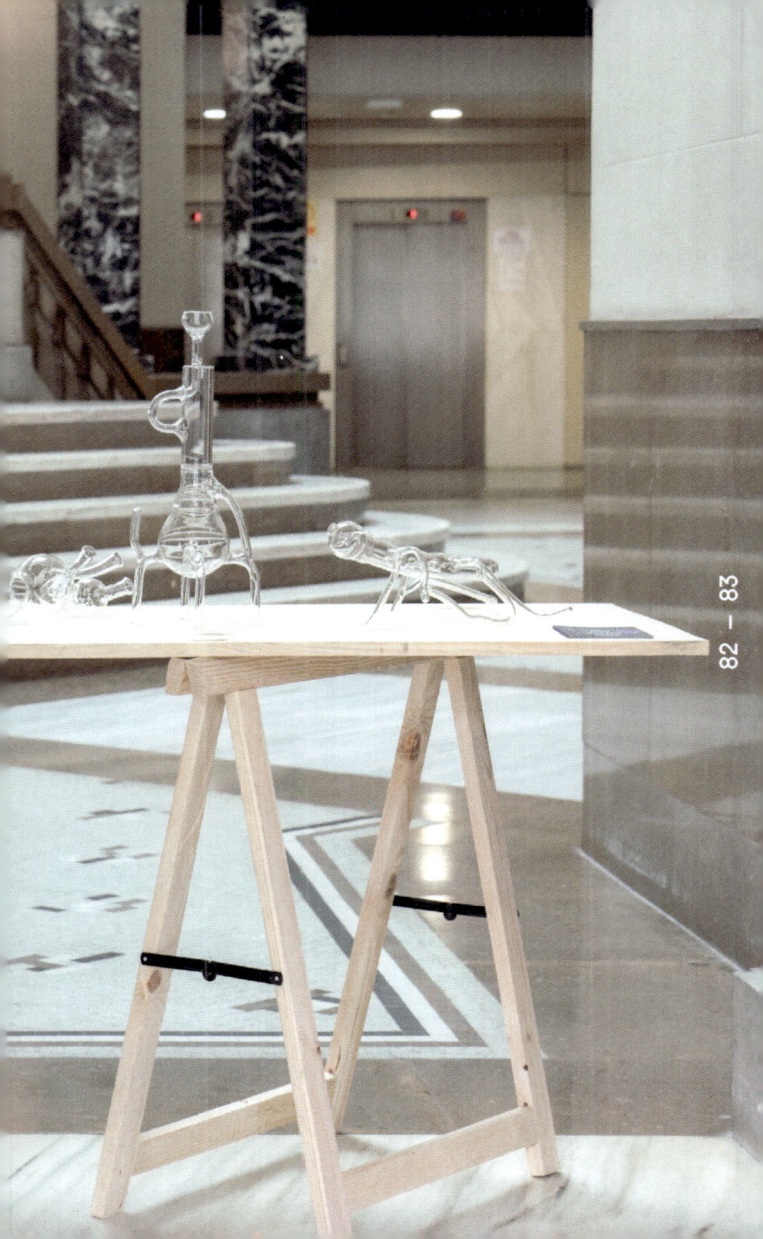

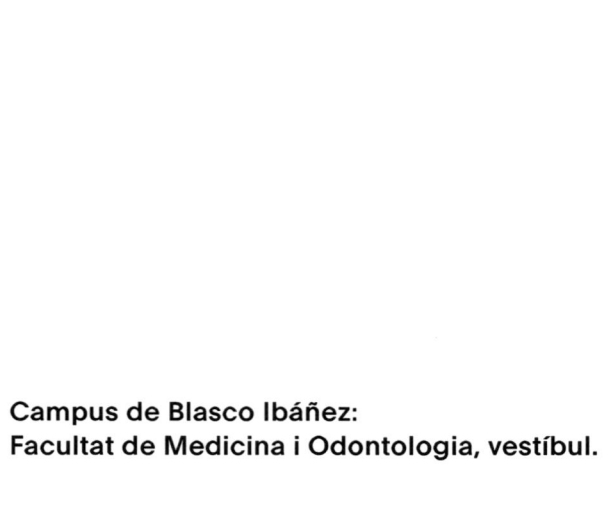

Campus de Blasco Ibáñez:
Facultat de Medicina i Odontologia, vestíbul.

Maria Amparo Gomar Vidal

Bildersturm #1. Fernando Rodríguez-Fornos, 2023

Vinil 405 x 205 cm i vídeo HD, 8 min 33 s

Aquesta peça porta per títol la paraula alemanya *Bildersturm*, composta per *bild* (imatge) i *sturm* (tempesta), traduïble com «tempesta d'imatges». El concepte fa al·lusió al moviment iconoclasta durant la Reforma. Els *Bilderstürmer* eren les persones que per motius religiosos destruïen imatges i altres elements del culte catòlic, especialment als Països Baixos. Tot i que autors com Warnke (*Bilderstum*, 1973) varen demostrar que en aquest context els atacs iconoclastes anaven més enllà de les creences i incloïen també atacs a bens materials i símbols de poder.

Aquest treball s'aproxima a la figura de Fernando Rodríguez-Fornos, rector franquista de la Universitat de València des de 1941 fins a la seua mort en 1951. Llicenciat en Medicina i catedràtic de Patologia Mèdica, aquest científic comparava la ideologia d'esquerres amb una malaltia mental, relacionant el marxisme amb la histèria: «La histèria i el marxisme tenen molts punts de contacte. El marxista, com l'histèric, treia profit de la mentida i havia d'explotar-la a tota costa... els acords de la internacional, entre crits, gatzara i manifestacions grotesques, desencadenaven les passions més baixes, robatoris, profanacions i assassinats.» (Rodríguez-Fornos, 1941, p. 16).

En 1963, l'Ajuntament de València, ordenà erigir un memorial en commemoració a la seua més que qüestionable aportació científica, i per la seua «dedicació docent i humanitària»; memorial que encara roman a l'espai públic, en l'avinguda de Blasco Ibáñez, enfront de la Facultat de Medicina i Odontologia de la Universitat de València.

De la mateixa manera, a pocs metres d'aquest bust, es pot trobar també un carrer amb el seu nom. I al carrer de la Mare de Déu de la Cabeza, un CEIP es diu Fernando Rodríguez-Fornos.

La meua proposta és un gest simbòlic d'iconoclàstia política que proposa una mirada cap a un futur pròxim, en el qual vestigis franquistes com el bust de Rodríguez-Fornos han desaparegut de l'esfera pública.

↓

Projecte produït amb la col·laboració de Josep Lluís Barona, professor del Departament d'Història de la Ciència i Documentació de la UV, i José María Azkárraga, investigador de la UV.

María Amparo Gomar Vidal. Bildersturm #1. Fernando Rodríguez-Fornos, 2023

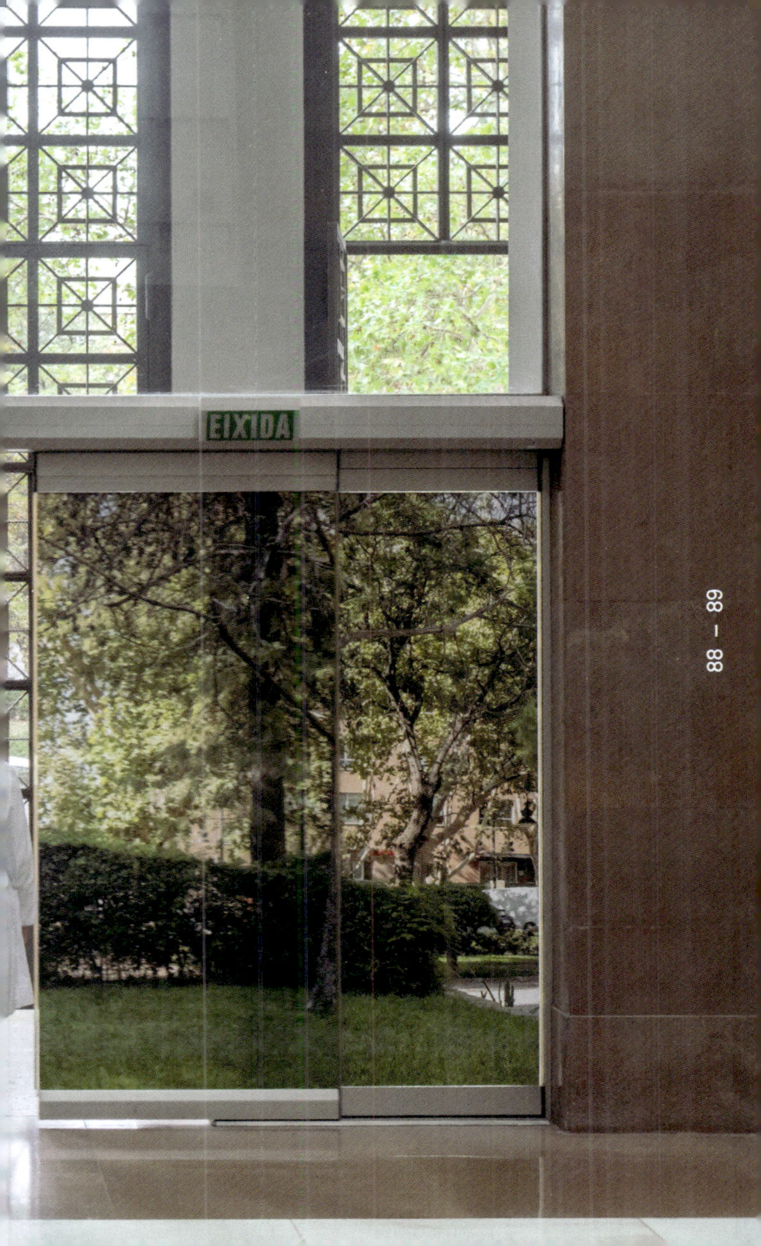

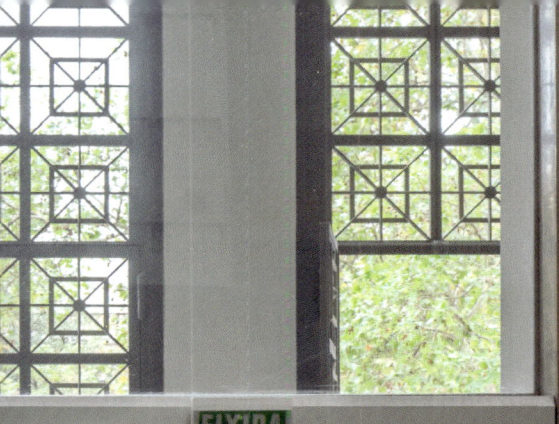

EIXIDA

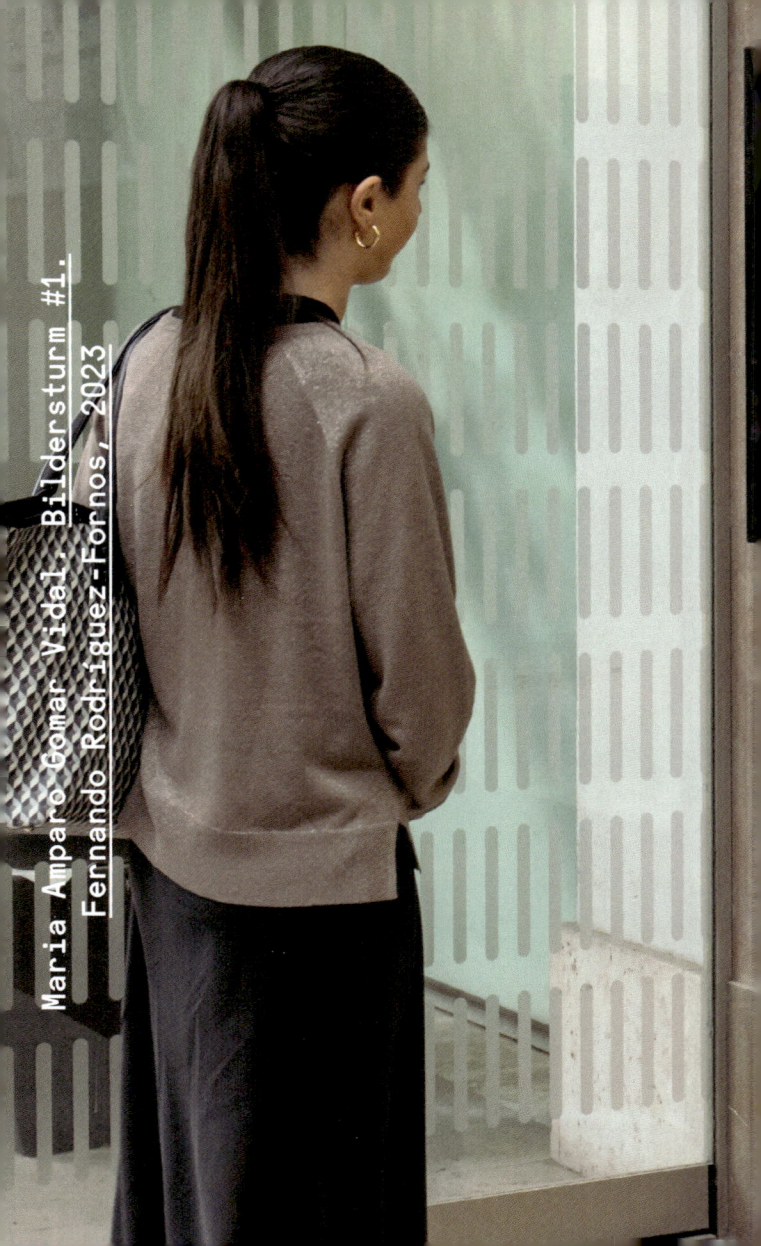

María Amparo Gomar Vidal. Bildersturm #1.
Fernando Rodríguez-Fornos, 2023

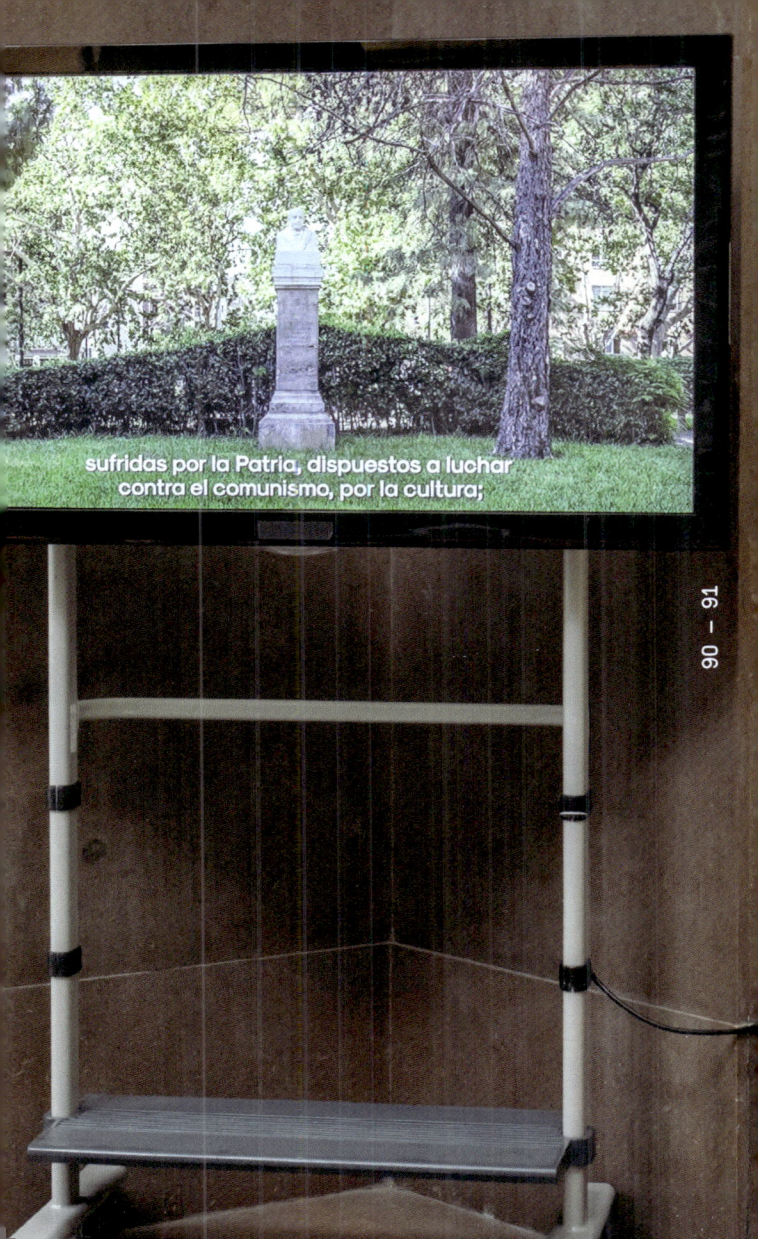

sufridas por la Patria, dispuestos a luchar
contra el comunismo, por la cultura;

Campus de Blasco Ibáñez:
Facultat de Ciències de l'Activitat
Física i l'Esport.

Rayito Mcqueen i Fast Zopaz

Parkuir, 2023

Acció, mediació i vídeo

2 min 13 s

Traceuxes:

Fernandito Bondage, Bob Deluxe, Caster(a) Fuegote, Madamme Patiño, Hermoso Peligrose, Kilian Peligrose, Suprem Putellas.

Parkuir és un projecte de mediació amb l'alumnat de la Facultat Ciències de l'Activitat Física i l'Esport al voltant d'una nova disciplina: el *parkuir*.

Aquesta activitat parteix del *parkour*, un esport que ens interessa pels seus potencials a l'hora de resignificar i relacionar-se amb l'espai. Tot i que és una pràctica que transcendeix els límits funcionals de l'arquitectura està carregada de connotacions de gènere i capacitisme.
Per això proposem una relectura des d'una perspectiva *kuir*. Un nou format que explora el cos i l'arquitectura des del joc, però que també ens permet qüestionar com aquesta s'estructura en clau de gènere i d'accessibilitat, i com això ens pot afectar, com a individus, a l'hora de relacionar-nos amb els espais. Utilitzem allò *kuir* com a metodologia de treball que ens permet interrogar les estructures rígides per a generar fractures. Entenem allò *kuir* no des d'un ser, sinó des d'un fer.

La mediació s'organitzà en unes jornades dividides en tres blocs:

· Una primera part dedicada a la creació dels personatges, ja que és necessari per a poder jugar al *parkuir*. Per a fer-ho, vam usar les metodologies del *drag*, que van permetre el naixement de Fernandito Bondage, Madamme Patiño o Hermoso

Peligrose entre d'altres. Personatges intersex, esportistes fracassats, trapelles de vestuaris de gimnàs, totis ben adornadis amb brilli-brilli, *tapping* o maquillatge de fantasia.

· Una segona part més centrada en la relació entre el cos, l'arquitectura i les dissidències en què, mitjançant una deriva, vam parar atenció als conceptes com: l'ornament com a metodologia política *queer*, el control arquitectònic, la delinqüència o els espais *queer*.

· I finalment, vam poder debutar com a professionals del *parkuir*, utilitzant com a terreny de joc l'arquitectura de la universitat: el camp de futbol, els lavabos, els despatxos o el vestíbul. Una espècie de quadrilla fantàstica-monstruosa, disruptiva que resignifica els espais de la Facultat.

Creiem que el *parkuir* tindrà molts adeptes, moltes persones ja s'han sumat a l'esport. Veiem contínuament accions i gestualitats que no tenen cabuda en altres esports però sí en el nostre. Aquest mateix matí hem vist una persona llevar-se la jaqueta dins del cotxe, ha estat tan *parkuir*... Uneix-te!

↓

Projecte produït amb la col·laboració de Javier Gil Quintana, personal docent investigador del Departament d'Educació Física i Esportiva de la Facultat de Ciències de l'Activitat Física i l'Esport de la UV.

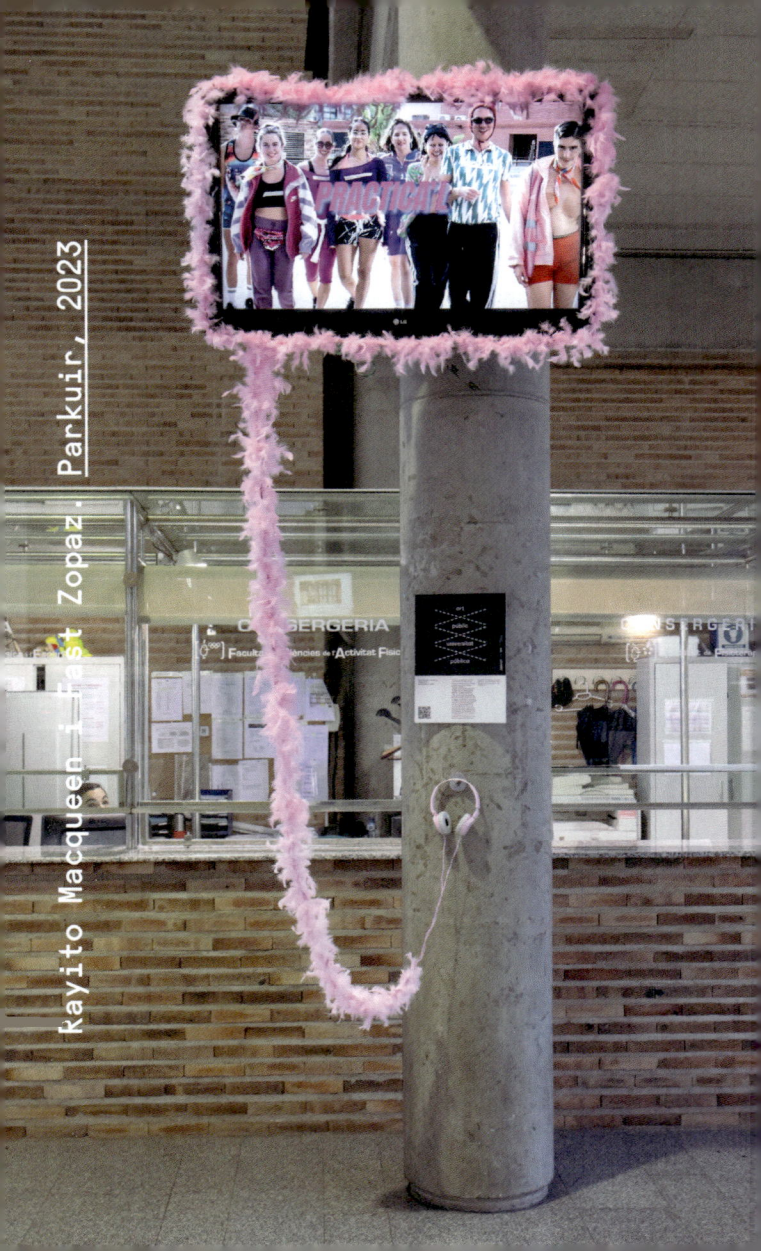

Kayito Macqueen i Fast Zopaz. Parkuir, 2023

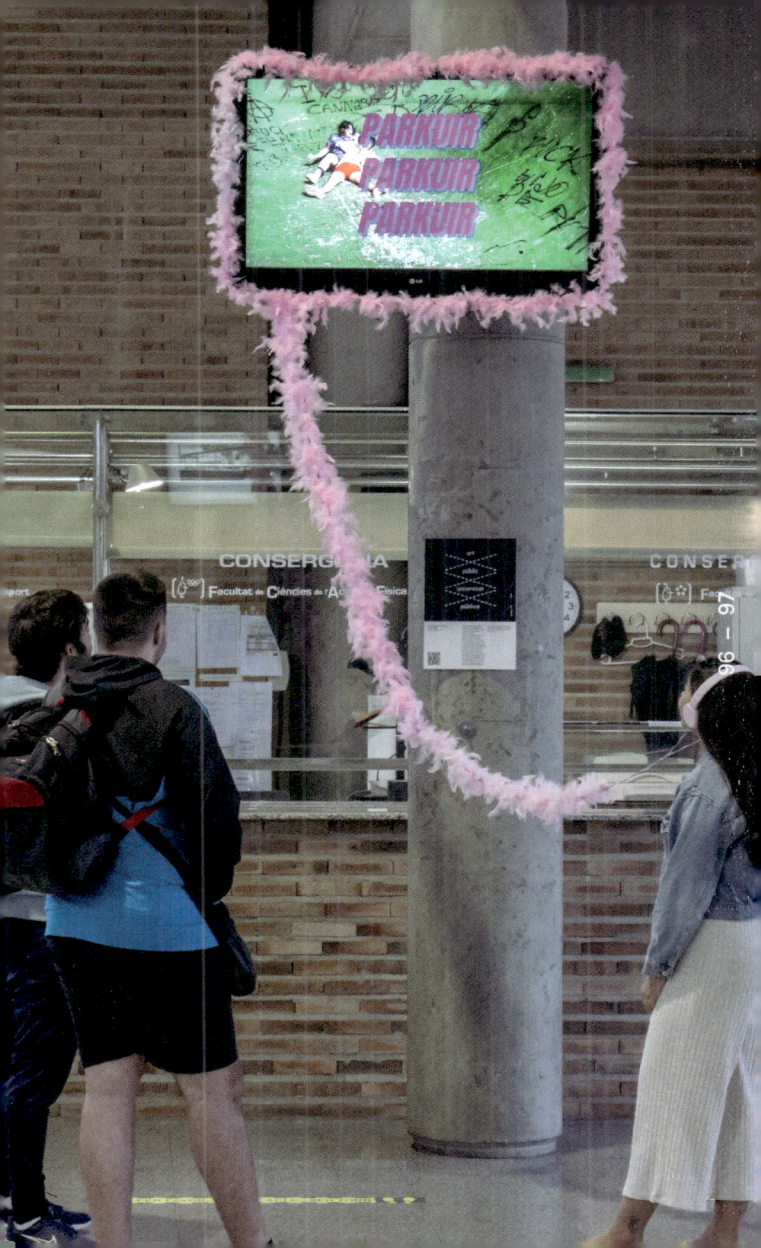

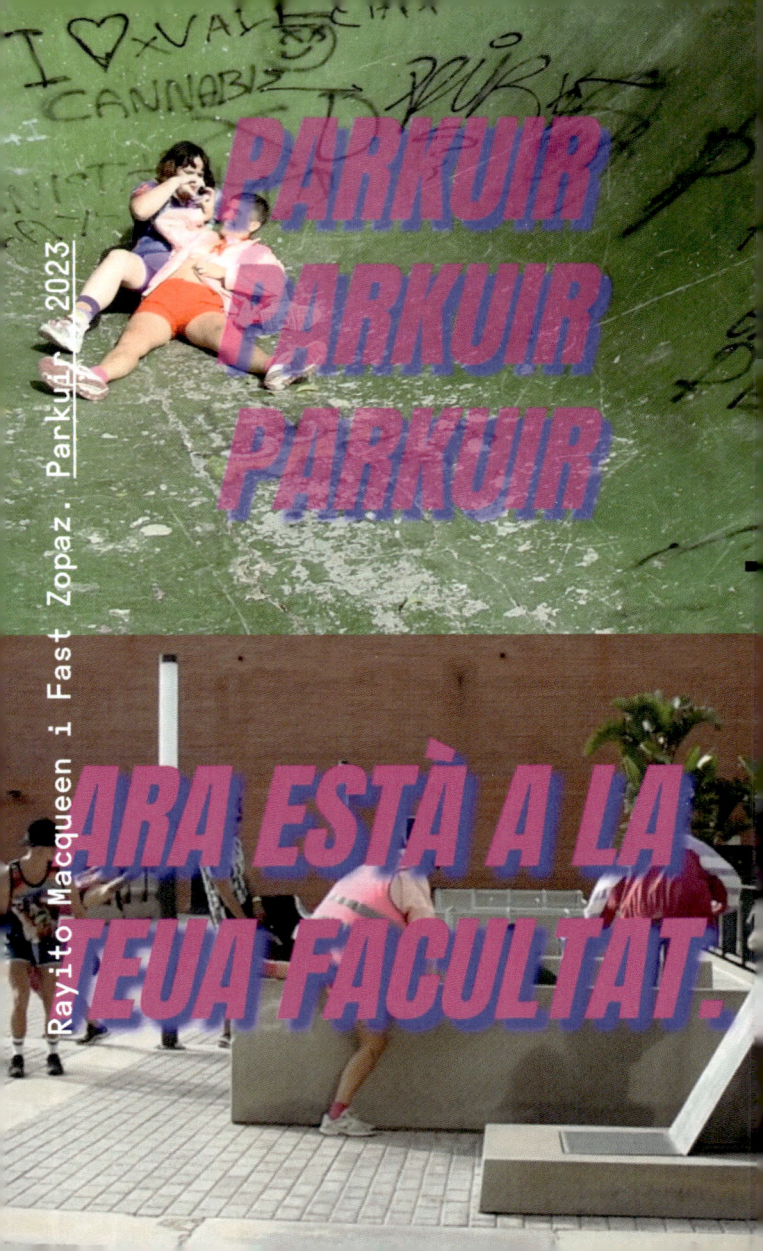

PARKUIR
PARKUIR
PARKUIR

ARA ESTÀ A LA
TEUA FACULTAT.

Rayito Macqueen i Fast Zopaz. Parkuir. 2023

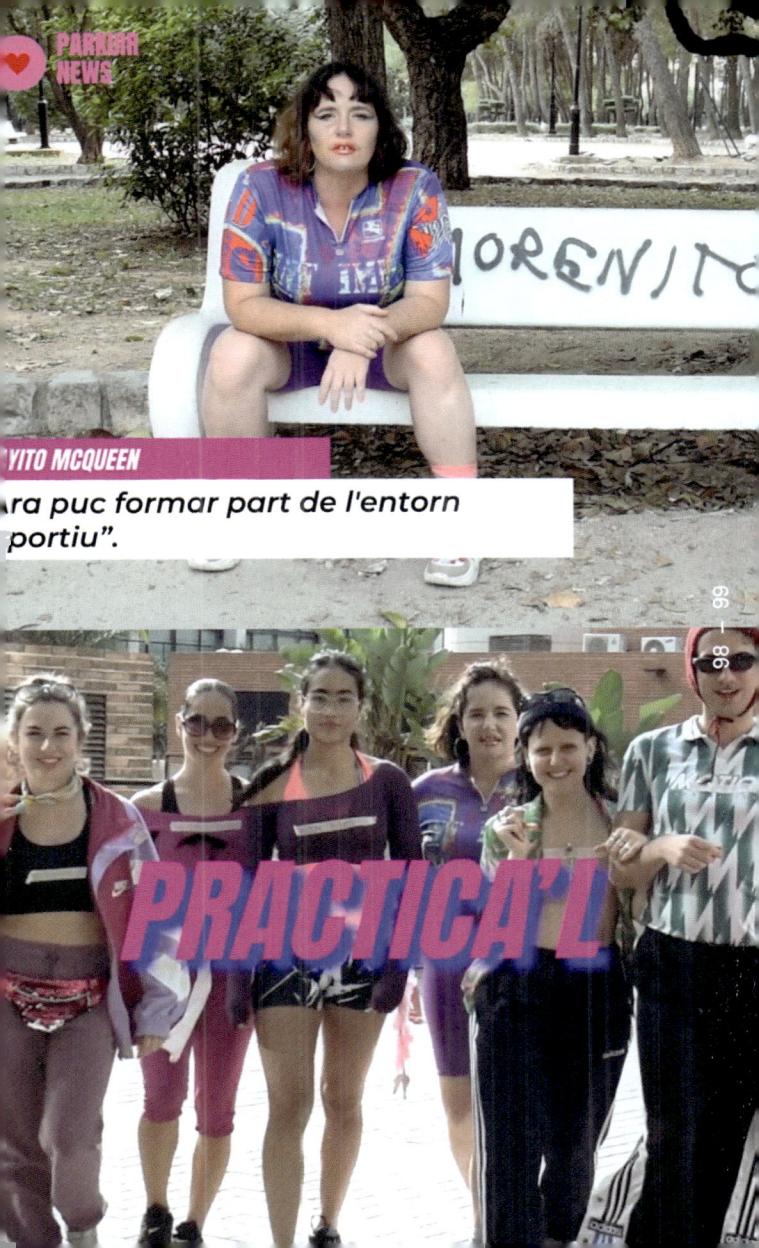

"YITO MCQUEEN

ra puc formar part de l'entorn
portiu".

PRACTICA'L

Campus de Blasco Ibáñez:
Facultat de Filologia, Traducció i
Comunicació, accés exterior del Saló d'actes.

Marta van Tartwijk

Dent de llet, 2023

Peça sonora: estèreo,
23 min 17 s, 2 altaveus;
10 impressions digitals sobre
paper vegetal 21 x 29,7 cm c/u

Reprenent la descripció d'un bes que fa Robert Ashley en la seua òpera *That Morning Thing*, *Dent de llet* narra el record de dos boques trobant-se i una sèrie d'imatges d'aquesta acció que se disparen, visitant la morfologia d'aquesta cavitat i de les dents com a aparells fonadors, indagant en els límits de transmissió del llenguatge comunicatiu.

La peça recorre a frases de l'esmentada composició i a la seua preocupació entre allò que és racional i expressable i allò inexpressable i involuntari. En l'obra d'Ashley es relata un encontre sexual i es descriu un bes fixant l'atenció en l'anatomia de la boca. El text entrellaça les frases descriptives d'aquest contacte i les barreja amb d'altres de pròpies que dibuixen i contextualitzen la boca i la comunicació dins de les polítiques associades a l'estètica dental, a la dicció o a l'envelliment. *Dent de llet* recupera una estratègia recursiva per a generar un paisatge d'imatges que es van desvelant a través de la fórmula del record i que també han donat lloc a un treball gràfic.

Encara que el llenguatge hauria de ser idealment una cosa que ens acosta al món, sempre hi ha la sospita que les paraules que fem servir per a entendre'ns no són prou per a transmetre l'experiència pròpia. La comprensió requereix un consens i, per tant, una exclusió: la quimera de ser plenament entès, de poder ser un altre, es destrueix. Què passa amb tot allò que queda en els marges del llenguatge comunicatiu?

El text parlat es registra mitjançant micròfons de contacte a través de la vibració produïda pels punts de l'aparell fonador: la laringe, les dents, les galtes... D'aquesta manera, s'escolen petits sons efectuats de forma no deliberada en la parla a conseqüència del fregament de la pell, la circulació de l'aire o la saliva, i es barreja així un discurs intel·ligible amb un altre d'involuntari. La peça s'ha instal·lat en l'accés exterior del Saló d'Actes de la Facultat de Filologia, Traducció i Comunicació: una cavitat de l'arquitectura situada al costat d'un sistema de ventilació que exhala rítmicament els bufits de la respiració de l'edifici.

↓

Agraïments a: Jara Roset, Javier R. Pérez Curiel, Jonathan Escapa Etxaniz i Reynaldo L. Vásquez Rodríguez.

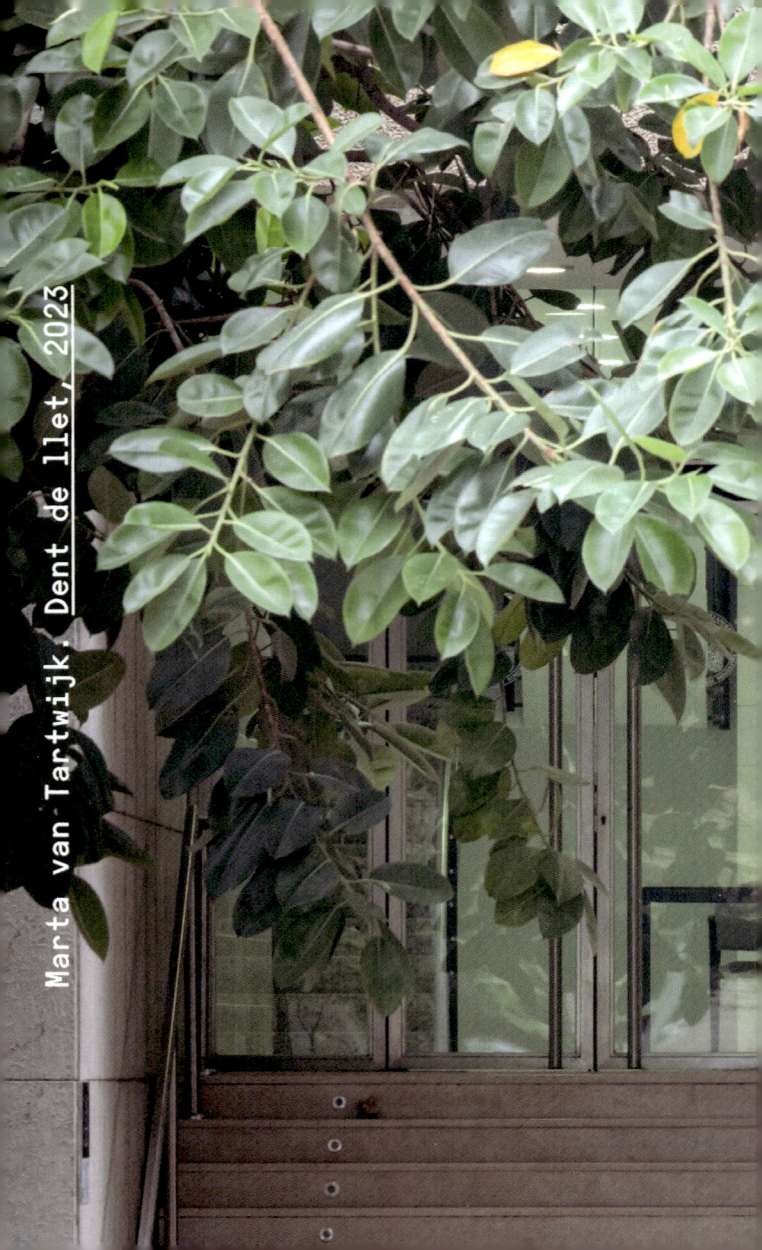

Marta van Tartwijk. <u>Dent de llet</u>, 2023

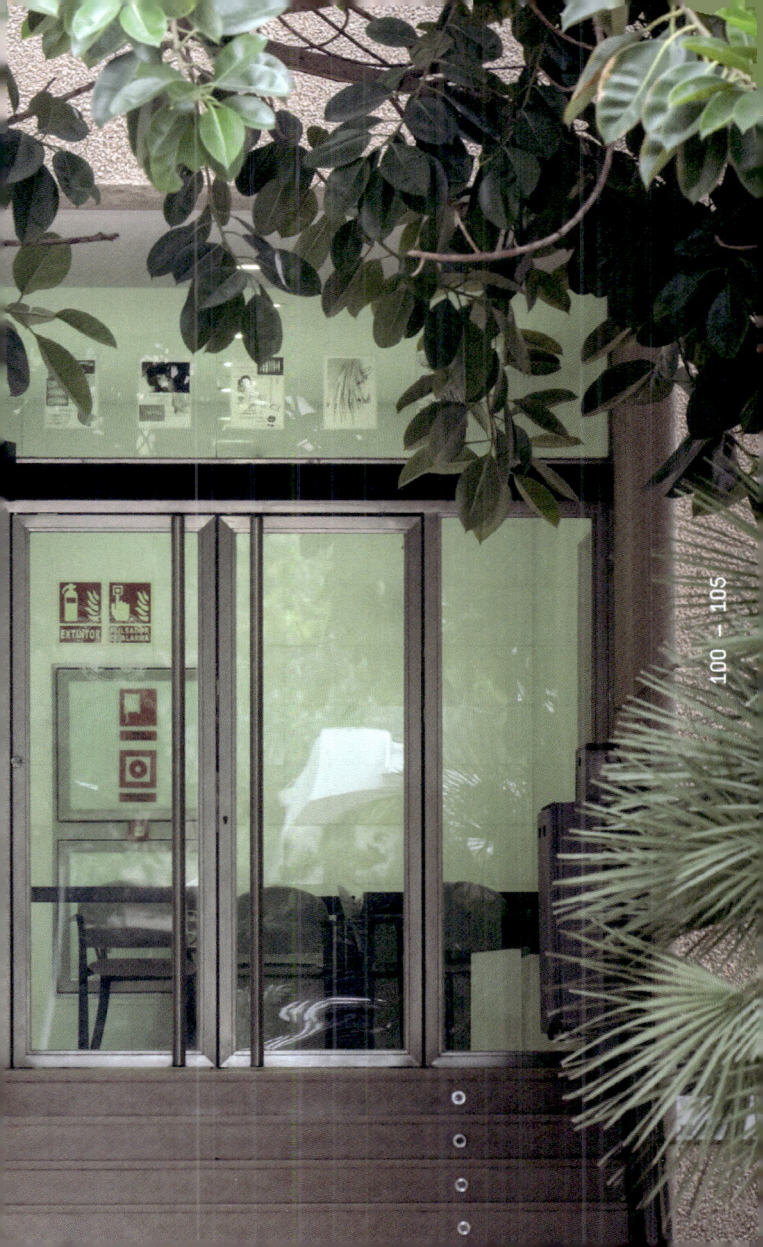

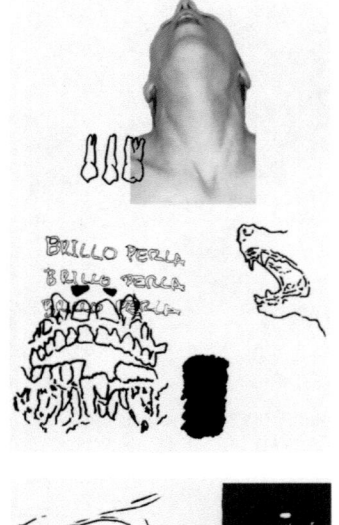

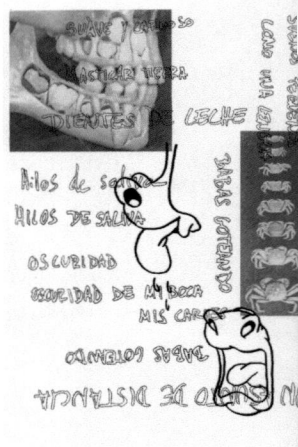

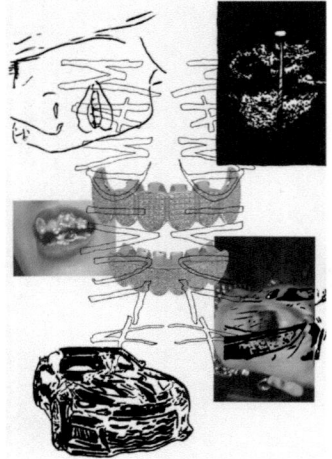

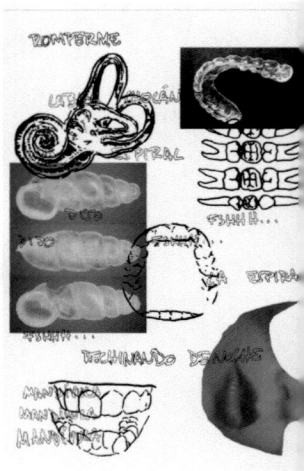

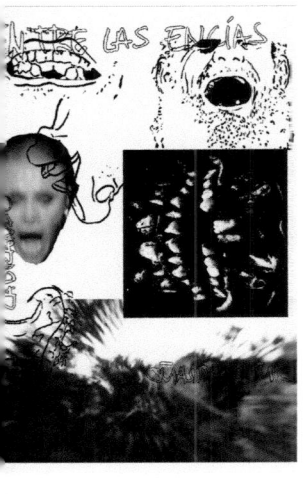

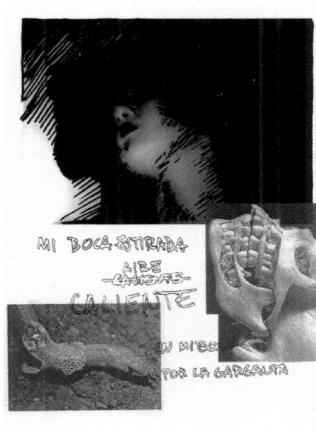

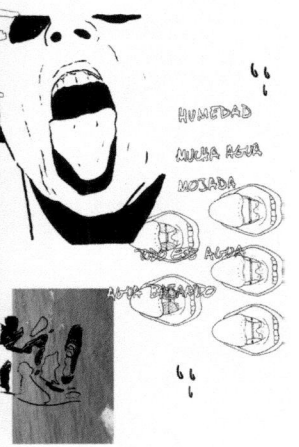

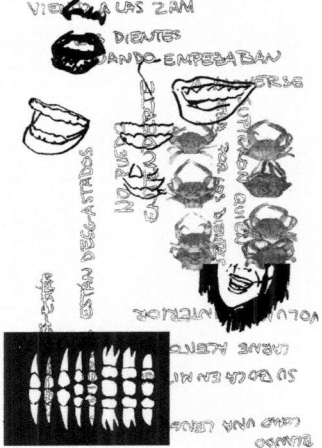

Campus de Blasco Ibáñez:
Facultat de Filosofia i Ciències
de l'Educació, jardí.

Míriam del Saz i Chiara Sgaramella

(La Nómada Taller)

El saber a les mans, 2023

Serigrafia i sublimació:
teles de cotó, pigments i
terres naturals, cera d'abella,
mides variables

L'obra busca contribuir a revitalitzar la memòria dels coneixements incorporats i situats de l'horta valenciana. Els processos d'urbanització i industrialització han erosionat els vincles amb els sabers camperols i artesans, basats en la pràctica dilatada en el temps i plasmats després de llargs processos d'assaig i error. Així mateix, en el context acadèmic, la marginació dels sabers empírics i tradicionals es pot interpretar com un procés d'invisibilització epistèmica basat en el predomini del pensament racional, dualista i abstracte.

Aquest projecte, lluny de defensar una visió idealitzada del coneixement tradicional, proposa aproximar els entorns d'aprenentatge i recerca, així com els processos de creació artística, als sistemes bioculturals vius i vigents que ens sostenen. En la seua dimensió iconogràfica, l'obra remet a l'imaginari del treball manual i de les eines com a prolongació de la mà, resposta als reptes contextuals, i materialització de la relació del cos individual i social amb l'entorn.

La intervenció es nodreix de múltiples col·laboracions i forma part d'un procés de recerca interdisciplinari i de respir ampli centrat en els procediments de la gràfica, que explora el potencial de tècniques com la sublimació i la serigrafia, juntament amb l'ús de pigments locals i d'origen natural.

↓

Projecte realitzat amb la col·laboració de Xavier Luján, coordinador de Vorasenda, projecte d'agroecologia i pensament crític; Luis del Romero, coordinador del grup d'investigació Recartografies, de la UV; i Pau Monteagudo, tècnic de l'Arxiu Fotogràfic del Museu Valencià d'Etnologia (L'ETNO).

Les imatges històriques incloses en les peces pertanyen a les següents col·leccions: Arxiu Fotogràfic L'ETNO. Fons L'ETNO. Històric i Arxiu Fotogràfic L'ETNO. Fons L'ETNO. Facticia.

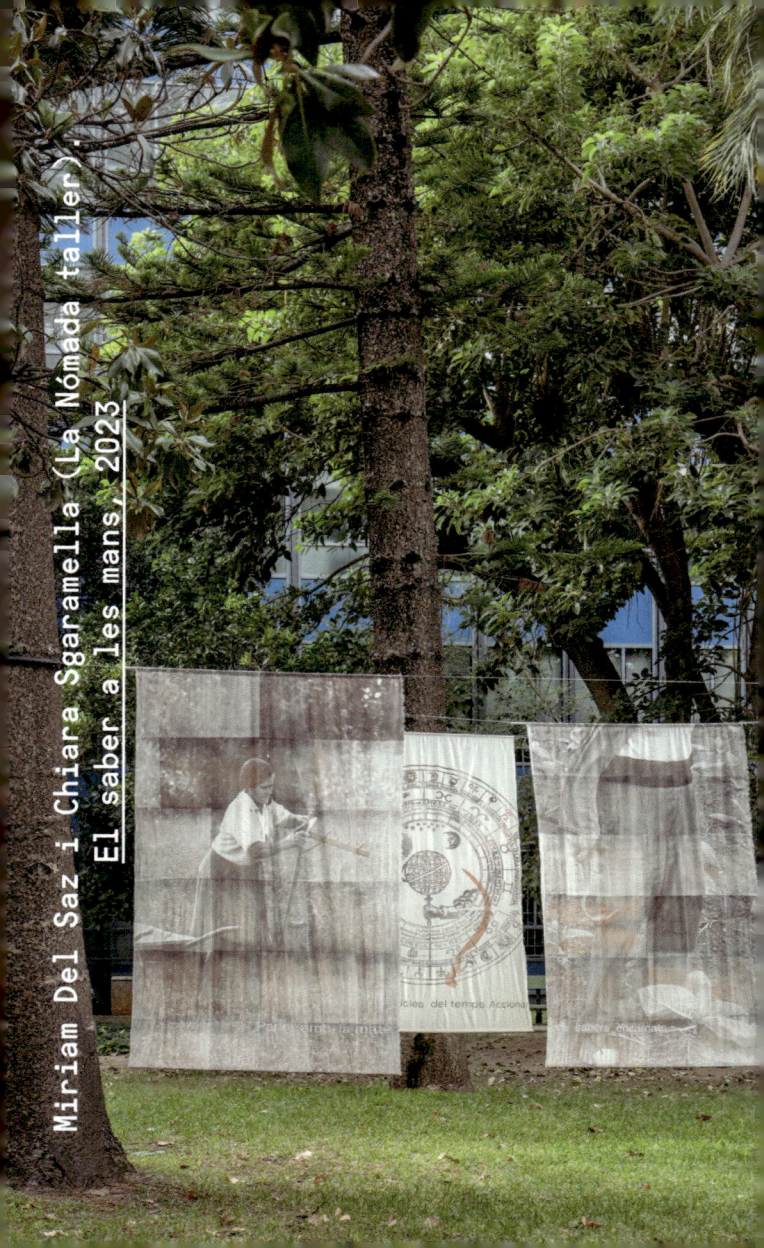

Miriam Del Saz i Chiara Sgaramella (La Nómada taller).
El saber a les mans, 2023

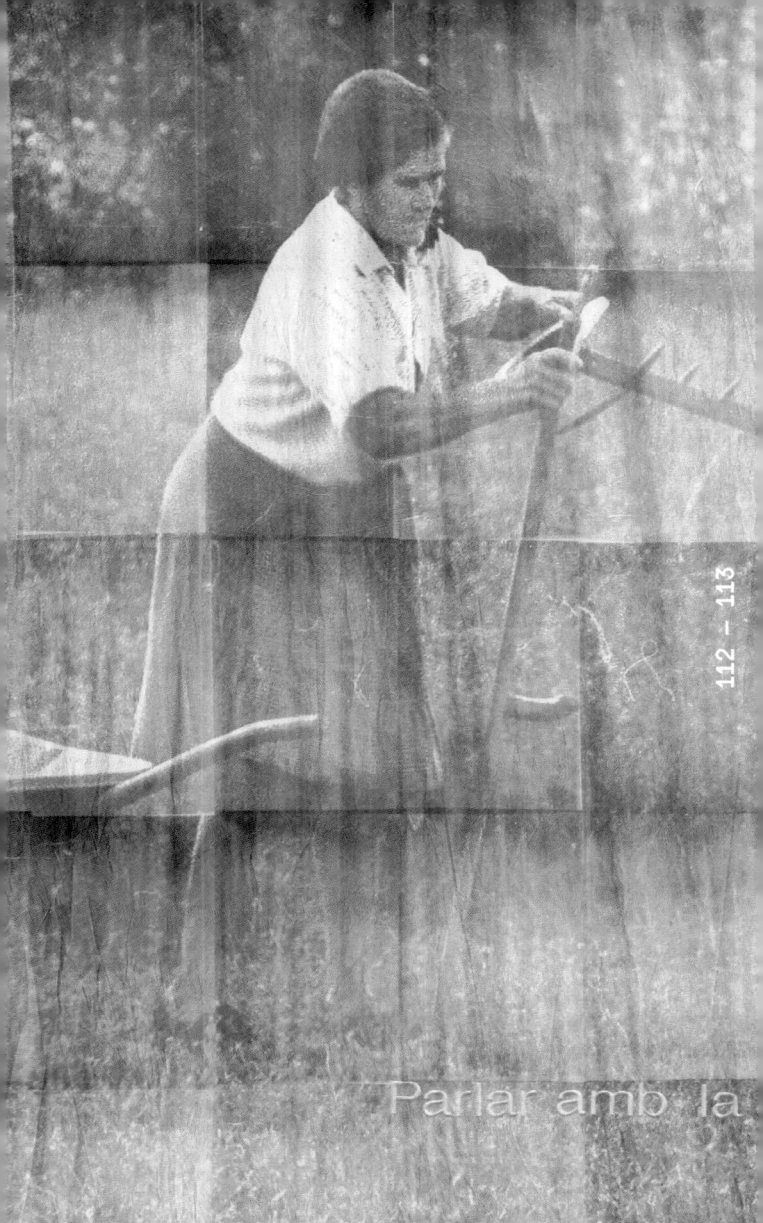

Parlar amb la

Miriam Del Saz i Chiara Sgaramella (La Nòmada taller).
El saber a les mans, 2023

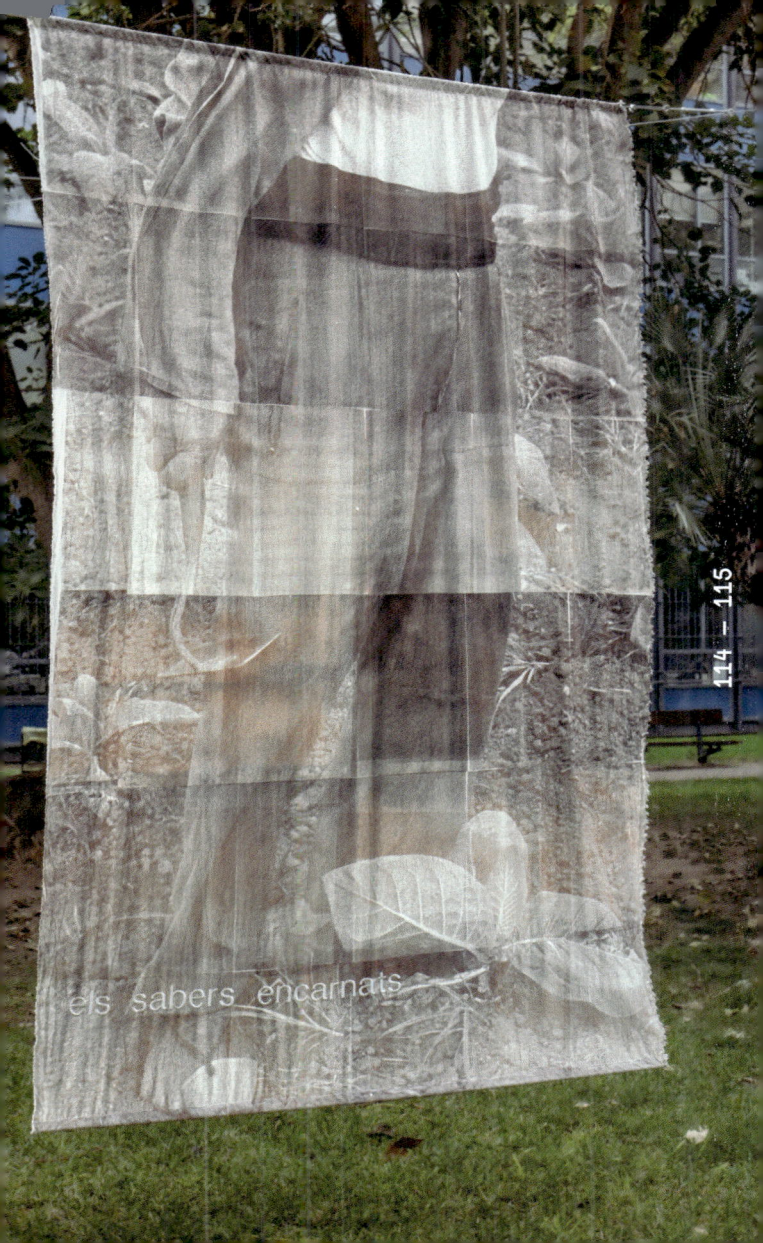

els sabers_encarnats

114 — 115

Campus de Blasco Ibáñez:
Facultat de Geografia i Història, pati exterior,
i Biblioteca d'Humanitats Joan Reglà.

Veïna. Art Contemporani de Proximitat
(Verónica Francés i Alfonso Segura)
Bibliografia per a una barricada, 2023

Instal·lació: pedra, fusta
i pintura, mides variables;
intervenció a la biblioteca
i plataforma web

Una barricada és un entrebanc bastit al carrer per a impedir el pas o per a parapetar-s'hi darrere. La llamborda, com a element funcional, està dissenyada per a ser col·locada de manera ordenada, i generar carrers que faciliten la circulació i el trànsit. És en la barricada on, reestructurat i reorganitzat, aquest element talla i atura el flux d'un esdeveniment.

A la universitat convergeixen la docència, la recerca i la difusió del saber. No només està dissenyada per a configurar un camí professional, sinó per a generar coneixement i pensament crític. La seua biblioteca funciona com a centre de recursos per a l'aprenentatge i la recerca de coneixement. Aquestes estructures amb la seua organització, catalogació i institucionalització sistematitzen el coneixement. Aquests patrons, com ara les trames dels carrers empedrats, faciliten el trànsit, però alhora es poden aixecar i reestructurar per a generar contrarelats que interrompen les narratives dominants i ens ajuden a pensar el món d'una manera diferent.

Entenem la barricada com un dispositiu cultural d'acció, on el coneixement i el pensament crític funciona com un parapet enfront de discursos d'odi i dogmes. Funciona, a més, com una rereguarda on aprovisionar-se d'eines per a enfrontar-se a desigualtats i contradiccions socials.

Amb eixa finalitat preguntàrem: quins llibres funcionen per a tu com una barricada cultural? Amb les propostes de la comunitat universitària vam seleccionar els llibres amb els quals es va crear una secció en la Biblioteca d'Humanitats. Els títols formen part d'un catàleg que es pot consultar en la plataforma del projecte, i se'n pot llegir la signatura a les llambordes de la instal·lació. Quan es va activar el projecte vam aconseguir noves adquisicions, cosa que va facilitar la comunicació i el poder de decisió de la comunitat universitària a la Biblioteca.

↓
Projecte realitzat amb la col·laboració de la Biblioteca d'Humanitats Joan Reglà i amb les persones que han contribuït aportant referències bibliogràfiques.
Il·lustracións: Gat Cosmonauta.

Veïna Art Contemporani de Proximitat (Verònica Francés i Alfonso Segura). Bibliografia per a una barricada, 2023

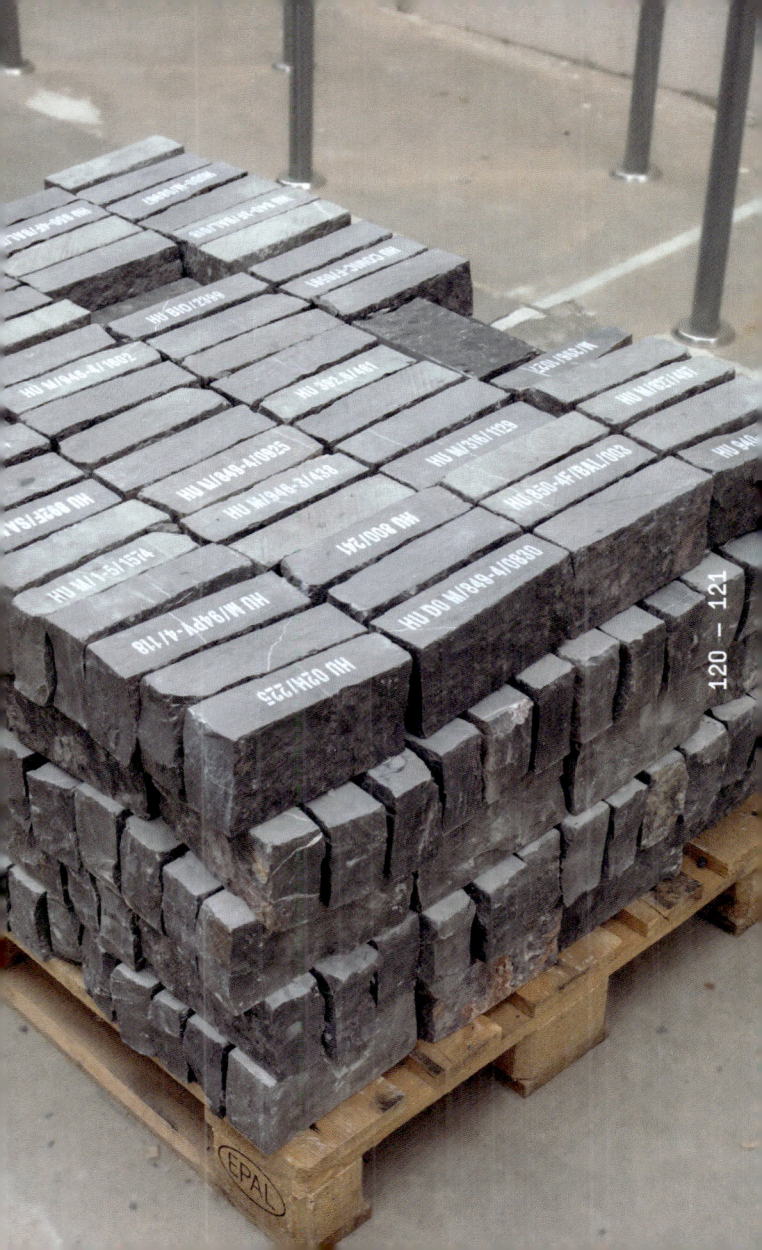

120 — 121

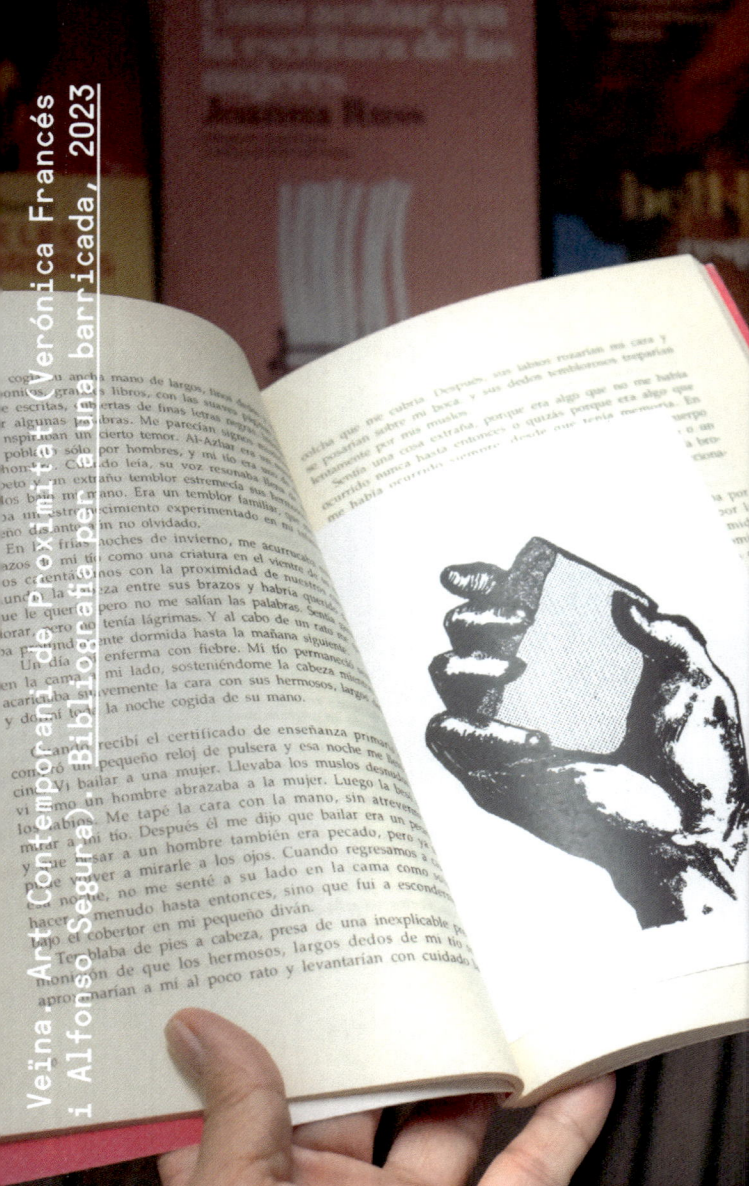

Veïna. Art Contemporani de Proximitat (Verónica Francés i Alfonso Segura). Bibliografía per a una barricada, 2023

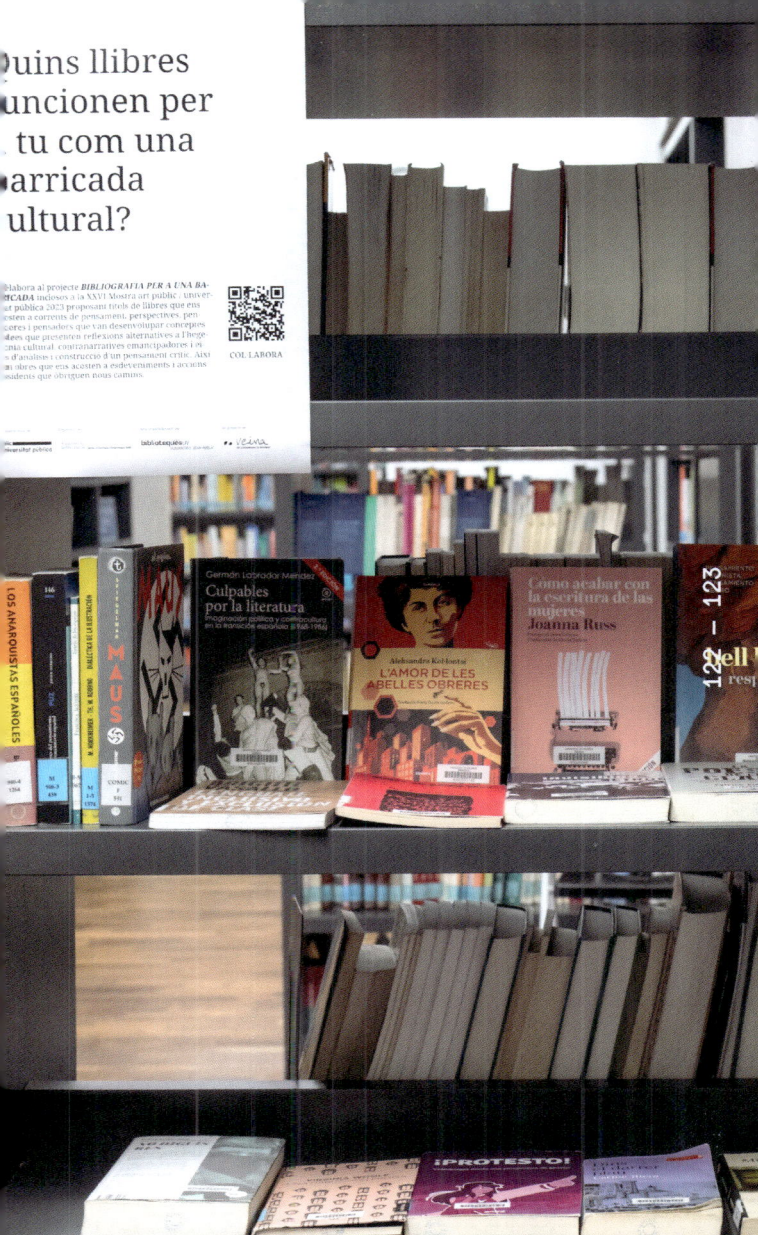

Traduccions

La interdependencia y lo colectivo en el contexto de la XXVI Mostra art públic / universitat pública
Alba Braza

La Mostra art públic / universitat pública vuelve a ofrecer, en su XXVI edición, el campus de Burjassot y el de Blasco Ibáñez como lugares para la creación artística. Mediante doce intervenciones ubicadas tanto en espacios exteriores como interiores de las diferentes facultades y dependencias universitarias, se han ofrecido reflexiones en torno a cuestiones de actualidad, desde una perspectiva comprometida y situada (Haraway, 1995), estrechamente vinculadas con los saberes que habitan los lugares en los que se ha intervenido.

Desde la XXIV edición se ha buscado acoger proyectos artísticos centrados en la aproximación del arte contemporáneo a la ciencia y a las ciencias sociales y humanas, asumiéndolas y convirtiéndolas en detonadoras de otros saberes transversales descentralizados con capacidad de interactuar con el espacio universitario de los dos campus donde estos se ubican (Braza, 2022). La experiencia adquirida en estas veintiséis ediciones, en las que se ha mantenido en el centro el arte público, ha permitido generar una identidad propia específica de esta convocatoria, un modo de hacer que se ha ido reflejando y transmitiendo a través de los textos que ha generado cada edición. Una analogía que pone de manifiesto cómo se desea trabajar la idea de arte público, cuál es la noción de público, y desde qué perspectivas se analizan en las obras que conforman la historia de la Mostra.

Asentados, pues, los propósitos, me centraré en las características que destacan en esta nueva edición, con una clara intención de ponerlas en valor y de trasladar la atención desde aquellas circunstancias determinantes que aporta la arquitectura, a las que aportan exclusivamente los factores humanos.

Para ello, en el presente texto, abordaré cómo, aun tratándose de doce premios, no podemos hablar de doce artistas; y se ha generado un entramado de interrelaciones influyentes en las obras.

Diecisiete artistas han sido las encargadas de conceptualizar las intervenciones de esta edición, podríamos añadir dos más aún, si sumamos la colaboración de amigas o de las parejas. Contamos con colectivos que destacan por su larga trayectoria conjunta, así como con equipos que exploran por primera vez con metodologías colectivas para la creación. Art al Quadrat, Voces que cuidan, Rayito Macqueen i Fast Zopaz, Miriam Del Saz i Chiara Sgaramella (La Nómada taller), Veïna.

Art Contemporani de Proximitat (Verónica Francés y Alfonso Segura), son los ejemplos visibles de ello.

Esta presencia predominante de lo plural ante lo singular pone de manifiesto la crisis de la autosuficiencia que viene manifestando el arte contemporáneo desde la década de los sesenta. Vemos artistas que se alejan así de la idea de artista heredada del pensamiento occidental ilustrado, considerado un ser esencialmente introspectivo y autosuficiente (Polanco, 2019), y que renuncian a la autoría individual encontrando en el diálogo y el acompañamiento un valor añadido que no pertenece a las premisas del capitalismo, cuyo presupuesto individualismo se extenderá hasta cuestiones de carácter práctico y económico.

Alejadas, las y los artistas, de esta idea de sujeto burgués, reivindican haciendo en lugar de diciendo, la existencia de otras culturas y, por tanto, de otros modos de explicación del mundo más allá de lo aprendido: blanco, europeo, masculino... Como consecuencia, añaden nuevas cargas simbólicas a los relatos que abordan en su obra.

Hablar de creación en plural nos lleva a centrar la cuestión base del asunto: ¿estamos ante la creación de pensamiento colectivo o ante la creación colectiva? Asunto sobre el que Amaia P. Orozco responde aclarando cómo el pensamiento en ningún caso es una iluminación individual, por lo que quizá hablar de creación colectiva sea, en todos sus aspectos, una redundancia (Pérez Orozco, 2014).

Así pues, no es de extrañar que estos artistas en plural, en sus obras, hayan optado por modelos basados en el estudio compartido y la producción colaborativa. Del mismo modo, este tampoco se podrá considerar un motivo de exclusividad, pues el sistema de colaboraciones que se facilita desde la organización de la Mostra se ha puesto en práctica de forma común, y se han llegado a establecer estas conexiones en todos los casos en los que realmente suponía un estrato de significado añadido y en los que la viabilidad, condicionada mayormente por el factor tiempo, lo ha permitido. Pese a ello, las que en apariencia no lo han hecho están igualmente lejos de ser iluminaciones individuales, pues las referencias a otros autores y autoras como base para su relato están especialmente patentes. Así, Marta van Tartwijk con la obra *Diente de leche,* en la Facultad de Filología, Traducción y Comunicación, hace referencia directa a la ópera del compositor americano Robert Ashley, titulada *That Morning Thing;* y la obra de Laura Marte, *Odònim Burjassot,* pone nombre de científicas de referencia a las calles en las que se encuentran las facultades del campus de Burjassot. Son aquí sus trayectorias profesionales las que justifican la elección de la artista, y reducen el campo de la ficción únicamente al espacio urbanístico. La pieza sonora e imágenes impresas de Valentina Alvarado Matos, *Eran diurnas, pero también nocturnas,* relatan un paisaje colonizado a través de la visión de una luciérnaga, y aportan otras narrativas y construcciones de imágenes posibles en el interior de las vitrinas del Museo de Historia Natural UV. Y Sara Torres, en la Facultad de Ciencias Biológicas, pone de manifiesto con *Fundamentos de la fantasía hetero-real*, la construcción del deseo heterosexual mediante tres niveles de contenido: fragmentos narrativos extraídos de diferentes documentales de animales, cita a la obra *Pensée Straight* (*El pensamiento heterosexual*, 1992), de la filósofa francesa Monique Wittig, y textos poéticos escritos por la propia artista.

Por otro lado, la obra de Micaela Maisa, *Óptica i metáfora,* en la Facultad de Física, y de Amanda Moreno, *Subterraneum laboratorium,* en el edificio de Rectorado, referencian explícitamente el trabajo de la filósofa estadunidense Donna Haraway, y de los historiadores de la medicina José Bertomeu Sánchez (*Tóxicos: pasado y presente. Pensar históricamente un mundo tóxico*, 2021) y Soraya Boudia

(*Ignorance Studies: Recent trends and future avenues*, 2023), respectivamente. Además, ambas muestran parte del proceso de conceptualización y producción mencionando a diferentes investigadores con quienes han conversado y les han orientado. Maisa, con Jesús Malo, Pas García, José Juan Esteve y María Amparo Díez, del Departamento de Óptica, Optometría y Ciencias de la Visión de la Facultad de Física; y Moreno, con Ramón Bertomeu Sánchez, como director del Instituto de Historia de la Medicina y de la Ciencia López Piñero, de la UV. Este reconocimiento o gesto, si bien demuestra que estas aportaciones no han sido determinantes, como tampoco lo eran las referencias bibliográficas, pone de manifiesto una vez más el alejamiento de la figura del artista encerrado en su torre de marfil, inspirado y erudito, y las sitúa en un plano terrenal cuyo punto fuerte se encuentra en su capacidad de consultar, preguntar y escuchar.

En este sentido y con mayor visibilización de esta comunicación ya transformada en interferencia, Art al Quadrat, en su trabajo *RAE vs DUE*, así como Maria Amparo Gomar Vidal con *Bildersturm #1. Fernando Rodríguez-Fornos,* establecen diálogos que quedan patentes en la materialización de la obra. Ambos proyectos revisan críticamente aspectos de la historia reciente. El primero de ellos, en el interior de la Biblioteca de Ciencias Eduard Boscà, ha contado con el asesoramiento de Mercedes Quilis Merín, profesora de Lengua Española del Departamento de Filología Española de la Facultad de Filología, Traducción y Comunicación. Se trata de una intervención que ofrece al público el significado de una serie de términos seleccionados y consultados en dos diccionarios diferentes: el *Diccionario de la lengua española* (18ª ed. Madrid: Real Academia Española, 1956) y el *Diccionario de uso del español* de María Moliner (Madrid: Gredos, 1966). Alineando las definiciones, las artistas ponen de manifiesto el fuerte poder político, y por lo tanto productor de subjetividades, que tiene la regulación institucional del lenguaje.

El segundo de ellos, en las puertas de salida del vestíbulo de la Facultad de Medicina y Odontología, muestra la imagen exterior del jardín mediante una imagen impresa sobre vinilo adhesivo y un vídeo. A diferencia de lo que encontramos en la realidad, en la obra de Gomar Vidal no está el busto que homenajea a Fernando Rodríguez-Fornos. Este tan solo aparece unos segundos en el vídeo acompañado de un texto escrito por Josep Lluís Barona, profesor del Departamento de Historia de la Ciencia y la Documentación de la UV, en el cual cita a su vez escritos del catedrático y rector de la UV,

Rodríguez-Fornos, poniendo de manifiesto su ideario fascista que hoy sería (o debería ser) penado por tratarse de delito de odio.

Ambos proyectos asumen un fuerte compromiso social vinculado con la memoria histórica y se suman al deseo de poner de manifiesto cómo lo objetivo e imparcial es una ficción más de nuestra realidad.

Miriam Del Saz y Chiara Sgaramella (La Nómada taller) proponen con *El saber en las manos* otro modelo de interrelación en los procesos de creación. En su caso, han intervenido varios agentes y saberes más allá de los vínculos académicos, sumando a la colaboración realizada con el grupo de investigación Recartografías (UV), la experiencia y transmisión de saberes de la mano del colectivo agroecológico Vorasenda y la aportación de imágenes del Archivo Fotográfico del Museu Valencià d'Etnologia (L'ETNO). Se trata de una intervención en el jardín de la Facultad de Filosofía y Ciencias de la Educación, realizada con una técnica desarrollada por las propias artistas a través de la cual consiguen realizar una serigrafía sobre tela de algodón, únicamente con pigmentos naturales y extraídos de la propia tierra donde se cultivan aquellos alimentos que consumen responsablemente. La técnica acompaña el significado de las imágenes, ya que estas fueron tomadas por grupos de estudio del campo de la etnología y reflejan a una mujer y a un hombre que trabajaban la huerta valenciana con métodos que hoy denominamos tradicionales. Junto a la parte procesual y material de la obra, las artistas incluyeron una sesión de mediación con la que incluyeron la memoria de las personas que conformaron el grupo como parte del trabajo realizado.

La mediación artística como recurso de producción de saberes colectivos ha sido utilizada también por Voces que cuidan, en la obra *Equipo de limpieza del Campus de Burjassot,* y por Rayito Macqueen i Fast Zopaz, en el vídeo *Parkuir.* Elena San Martín y Santiago Fernández trabajan realizando sesiones de mediación dirigidas a grupos que llevan a cabo tareas relacionadas con los cuidados. A partir de estos encuentros, editan archivos sonoros con los que transmiten, de forma poética, lo esencial que resultan estas tareas no reconocidas y muchas veces no, o mal, remuneradas. Aquí, Voces que cuidan ha dado voz a un grupo de mujeres trabajadoras encargadas de las tareas de limpieza del Campus de Burjassot. Son ellas, con sus experiencias y forma de concebir el mundo, quienes acompañan a los oyentes a visitar, desde su perspectiva, el campus. En paralelo, la ilustradora Elena Llamas Aliaga ha participado de la obra transformando los encuentros de mediación realizados en una imagen que sirve para situar físicamente y dar inicio al recorrido sonoro.

En la obra presentada por Rayito Macqueen i Fast Zopaz, resultan también fundamentales las sesiones de mediación, esta vez planteadas para el alumnado de la Facultad de Ciencias de la Actividad Física y el Deporte. Les artistes proponen al grupo aprender *Parkuir,* una nueva disciplina deportiva creada desde una perspectiva *queer* a partir de la relación que establece el *parkour* entre cuerpo y arquitectura. Desde el humor y la ironía, les artistes ponen en evidencia los estereotipos vinculados al género, al cuerpo y al deporte pertenecientes a la hegemonía heteropatriarcal. La obra final es un vídeo que se muestra enmarcado en una boa de color rosa en el vestíbulo de la misma Facultad. En este, se hace patente la interferencia de los saberes compartidos con el grupo de deportistes que ponen en práctica el *Parkuir* y la facilitación aportada gracias a la colaboración de Javier Gil Quintana, docente e investigador del Departamento de Educación Física y Deportiva de la Facultad de Ciencias de la Actividad Física y del Deporte.

Por último, Veïna. Art Contemporani de Proximitat (Verónica Francés y Alfonso Segura), ofrecen con *Bibliografía para una barricada* un proceso de producción abierto y en colaboración con el público. La obra está formada por dos partes objetuales y una virtual, a través de las cuales configuran una posible interpretación de lo que podría ser una barricada cultural. Haciendo referencia al adoquín, a Mayo del 68, y al libro como herramienta para la revolución, ubican un palé de adoquines entre la Facultad de Geografía e Historia y la Biblioteca de Humanidades Joan Reglà. Una parte de los adoquines lleva grabada una serie de signaturas que se corresponden con referencias bibliográficas vinculadas a libros. Dicha selección bibliográfica ha sido realizada gracias a dos cómplices: las personas que han señalado anónimamente la importancia del título en cuestión, (pues los artistas ponen a disposición la participación de quien lo desee a través de un formulario abierto); y el personal de la biblioteca que, haciendo seguimiento del proyecto, ha ido adquiriendo los ejemplares de los que no disponía previamente. Dichos libros han sido dispuestos en el interior de la biblioteca: en una estantería específica, el proyecto, y dentro de cada uno de ellos se encuentra escondido un grabado del ilustrador Gat Cosmonauta, dando lugar a la segunda parte objetual de la obra.

Así, en esta nueva edición, la idea de plural y colectivo abre múltiples vías de interpretación que nos llevan a la base de los planteamientos que centran el ser humano como un ser ecodependiente e interdependiente (Herrero, 2023). Si (también) ejercemos una práctica curatorial situada, es posible impulsar, facilitar y visibilizar los paralelismos entre la producción cultural y la idea de cuidados mediante la voluntad de poner en valor aquellos trabajos que, en apariencia, no son productivos ni determinantes. Pero que, en realidad, han formado parte del proceso y han favorecido la realización de creaciones específicas para un lugar, unas personas y un tiempo determinado.

↓
Bibliografía:
· Aurora Fernández Polanco, *Crítica visual del saber solitario*, Bilbao, Consonni, 2019, pág. 21.
· Amaia Pérez Orozco, *Subversión feminista de la economía*, Madrid, Traficantes de Sueños, 2014, pág. 31.
· Yayo Herrero, & Idensitat. (n.d.). (V.O) «Aesthetics, care and ecofeminism», recuperado el 18 de octubre de 2023, de https://vimeo.com/868298872.
· Alba Braza Boils, «Atravesar el campus como práctica artística», *XXIV Mostra art públic i universitat pública,* Servei d'Informació i Dinamització (Sedi) de la Universitat de València, 2021.
· Donna Haraway, *Ciencia, cyborgs y mujeres: la reinvención de la naturaleza*, Cátedra, 1995.

Art al Quadrat
RAE vs DUE, 2023
48 lonetas impresas en b/n, 50 × 80 cm c/u

Campus de Burjassot: Biblioteca de Ciencias
      Ediuardo Boscá, 1er piso.

Obra realizada a partir del *Diccionario de la lengua española* (18ª ed. Madrid: Real Academia Española, 1956) y del *Diccionario de uso del español* de María Moliner (Madrid: Gredos, 1966).

    RAE versus DUE consiste en 48 lonetas impresas en las que se comparan palabras del diccionario de la Real Academia Española, en su versión de 1956, y el diccionario de María Moliner, publicado diez años después.

    A pesar de la aparente objetividad del diccionario oficial, referencia mundial del español, no deja de traslucir sesgos de género, políticos o religiosos determinados por la herencia cultural y el contexto sociopolítico en que fue escrito.

    Por su parte, dentro del poco margen de libertad que le dejó la dictadura franquista, María Moliner encontró un espacio mínimo y sutil para hacer aportaciones sociales, aparte de las propias, dentro del léxico, la ordenación de las palabras y la semántica. Dejó entrever, de forma casi insignificante, una mirada más abierta a la sociedad, más inclusiva e igualitaria con la mujer y con las clases populares, y menos condescendiente con el catolicismo imperante.

En la obra resaltamos la figura de María Moliner, vinculada a la Universitat de València (jefa de bibliotecas en 1936 y 1937). Fue depurada por el Franquismo bajando dieciocho escalafones en su profesión. Aun así, en 1946, emprendió sola la escritura del diccionario que le llevaría quince años de trabajo.

↓

Proyecto desarrollado con el asesoramiento de Mercedes Quilis Merín, profesora de Lengua Española del Departamento de Filología Española de la Facultad de Filología, Traducción y Comunicación de la UV.

Voces que cuidan (Elena Sanmartín
Hernández y Santiago Fernández Honrubia)
Equipo de limpieza del Campus de Burjassot,
2023
12 impresiones a color sobre vinilo adhesivo,
150 × 95 cm c/u, relatos orales y paseo sonoro

Campus de Burjassot: Facultad de Química,
    exteriores.

Equipo de limpieza del campus de Burjassot
es una narración sonora que invita a conocer
el trabajo que desempeñan las trabajadoras
de la limpieza de la Universitat de Valencia,
tarea imprescindible para que la comunidad
universitaria pueda desarrollar las labores de
investigación, administración y enseñanza.
Esta pieza se suma a *Voces que cuidan*,
proyecto artístico y de mediación cultural que
recoge y archiva el relato de las trabajadoras
profesionales del hogar, la limpieza y los
cuidados.

En este archivo sonoro escuchamos
las voces de Mabel, Pili, Dolores, Estela, Pilar,
Jenny y Araceli, que nos cuentan cómo es
su jornada de trabajo: qué utensilios y qué
uniforme las acompañan; qué lesiones sufre
el cuerpo debido a los movimientos que
hacen de forma repetitiva; qué instrucciones
reciben y cómo trabajan en espacios de
mayor complejidad como son los laboratorios
de química; cómo se relacionan con el

resto de personas que trabajan y habitan las facultades; y, finalmente, qué relación establecen entre ellas como compañeras.

Estas voces se entrelazan con los sonidos que ellas mismas hacen al limpiar. Mientras se escuchan los testimonios sobre aquello que supone trabajar en el equipo de limpieza de una universidad, también se oye el frotar de una bayeta, cómo se desliza una mopa por el suelo o el gustoso «flis-flis» de un pulverizador de limpiacristales. La grabación, además, se acompaña de dibujos de aquello narrado en los audios, elemento que nos ayuda a crear nuevos imaginarios de representación sobre el trabajo de limpieza y los cuidados en la historia del arte.

↓
Proyecto realizado con la ilustradora Elena Llamas Aliaga y con la colaboración de Mabel Fuster, Pili Martínez, Dolores Muñoz, Estela Cerverón, Pilar Lafuente, Jennifer Pradillo y Araceli Ruiz (personal de limpieza del Campus de Burjassot) en la fase de mediación que conlleva la producción de la obra.
Se incluyó un paseo sonoro por el Campus de Burjassot.

Micaela Maisa
Óptica y metáfora, 2023
6 elementos, impresión digital, lentes,
películas, soporte metálico articulado,
medidas variables

Campus de Burjassot: Facultad de Física,
      bloque C, planta baja.

Óptica y metáfora se compone de una
serie de piezas que proponen arrojar luz
sobre la línea que une el arte, la óptica y la
epistemología con el terreno de lo visual.
Las metáforas visuales y ópticas pueblan la
literatura que versa sobre la manera en la
que entendemos el conocimiento, ilustrando una
relación evidente entre el ver y el conocer.
      Esas metáforas también pueden
servirnos de faro para pensar críticamente en
los modos de ver, especulando más allá del
reflejo y la objetividad, rescatando la visión
como un proceso complejo, social, e incluso
poético, que se inscribe en un régimen visual
concreto.
      En el juego visual que propone *Óptica
y metáfora* no hay una respuesta sino una
invitación al desplazamiento. Pergeñado entre
el movimiento de las lentes y las imágenes,
se sugiere la posibilidad de tender vínculos
entre una tradición histórica y científica y una
tradición poética y cotidiana, mediada por

los componentes físicos y metafóricos que intervienen en la mirada.

Siguiendo la invitación de Donna Haraway de abordar el pensamiento desde el concepto de difracción, en vez del de refracción, nos planteamos abrir la mirada y reconocer los múltiples filtros y lentes que operan o interfieren en las formas que tenemos de percibir y conocer el mundo. Se establece, además, una imaginería que insinúa la equiparación de la luz con el conocimiento, y su vinculación con lo bueno, lo divino o lo místico, que se encuentra presente en buena parte de la tradición filosófica occidental. Partiendo de la combinación entre representaciones científicas del funcionamiento del ojo, de la luz y la visión, representaciones artísticas, e imágenes de fenómenos ópticos atmosféricos, se plantea un escenario que se presta a la articulación de estos conceptos, a la par que ponen al mismo nivel todas estas manifestaciones de la imagen.

↓
Proyecto realizado con la orientación de Jesús Malo, Pas García, José Juan Esteve y María Amparo Díez, del Departamento de Óptica, Optometría y Ciencias de la Visión de la Facultad de Física de la UV.

Valentina Alvarado Matos
Eran diurnas, pero también nocturnas, 2023
Pieza sonora, 11 min 04 s; 3 imágenes
impresas, 38 × 25 cm, 12 cm × 18 cm
y 40 cm × 30 cm

Campus de Burjassot: Museo de Historia
    Natural.

Conocí ese día nublado a una persona que
dormía debajo de una palmera aceitera:
    Elaeis guineensis
    Elaeis guineensis Elaeis guineensis
Elaeis guineensis
    Aceite de noche y aceite de día
    Ella subrayó un texto que decía: Coloca
un nivel en el desierto, no llegarán porque
buscan ríos y riachuelos.
     Esa noche se me metieron 3
luciérnagas en la boca.
    Luego una quiso entrar en mi ojo
izquierdo.
    El viento de la parte de atrás ayudó a
que se desviara.
    El pelo de Floren me retumba el codo
derecho y evitó que me entraran más en la
boca.
    Apreté la boca como si fuese a inflar un
globo, esas tres estaban bailando y yo hacía
como si me enjugara con ellas la boca sin
agua.
    Abrí un poco.

Salió una.

Abrí como para silbar y salieron todas, liberadas por mi garganta.

(extracto del *Eran diurnas, pero también nocturnas*)

¿Qué nos mantiene en un lugar? ¿Cómo describimos ese olor de la tierra seca?

Eran diurnas, pero también nocturnas narra de forma ambivalente y fragmentaria un recuerdo que remite a un paisaje, pero también a una experiencia: una sensación corporal, donde el lenguaje se tropieza, hay notas sueltas, obsesiones y algunas grabaciones de campo que construyen un paisaje sonoro que entrecruza sonidos de las latitudes que me atraviesan.

El paisaje, aparte de ser un espacio geográfico, es una experiencia vital. En el fondo del paisaje hay una vivencia y con ella un sentido personal del entorno. La pieza traduce, a modo de cuento oral, la descripción de un territorio cercano con el que me relaciono desde la diáspora y la memoria.

Sara Torres
Fundamentos de la fantasía hetero-real, 2023
Impresión sobre papel, metacrilato y madera;
díptico, 80 × 90 × 20 cm c/u

Campus de Burjassot: Facultad de Ciencias
    Biológicas, bloque A, planta baja.

¿Existe en nuestra historia subjetiva un primer
momento del deseo? ¿Cuándo y con qué
imágenes empezamos a desear? Una niña
ve un documental junto a sus padres. En él
se muestra la vida de los animales desde
una narración donde la voz en *off* parece
sostener la verdad de lo natural, y no un relato
o perspectiva pasada por el tamiz de la cultura
humana. En el documental, la niña observa
la vida organizada en el nacer, alimentarse,
reproducirse y morir; verbos que resumen el
misterio de lo vital que nos atraviesa a todos,
la incontestable «naturaleza». La sexualidad,
orientada a la reproducción, queda conjurada
en la imagen de un cuerpo potencialmente
violento que penetra y otro potencialmente
pasivo que es penetrado. La sexualidad se
imprime en la psique de la infancia como
encuentro natural entre un cuerpo activo y otro
pasivo. Así se va constituyendo, a través de
imágenes y relatos, de forma tanto consciente
como inconsciente.
    Al desplegar tres capas de significado:
texto documental, texto crítico, y texto poético,

la pieza presenta el proceso de desidentificación del sujeto con la fantasía «hetero-real». Este concepto hace referencia a la educación obligatoria en el binarismo heterosexual: fantasía hegemónica que participa en la regularización y normativización del deseo y las fuerzas vitales de los cuerpos. El texto crítico citado pertenece al ensayo *La Pensée Straight* (*El pensamiento heterosexual,* 1992), de Monique Wittig, y el texto poético está compuesto por la autora.

Este proyecto visual, concebido para el contexto del Campus de Burjassot, en las zonas de la Facultad de Biología y del Museo de Historia Natural, ofrece un dispositivo de reflexión en torno a las imágenes y a las ideas que nos inician en la cultura humana de lo sexual en Occidente. Así, la pieza muestra cómo las narraciones documentales sobre la vida natural tienen perspectiva ideológica, y nos dirigen hacia una fórmula del deseo basada en el binarismo y en la atracción entre roles opuestos, que se presentan como «complementarios». El principal argumento desarrollado es que nuestra educación en el deseo es compartida y que las imágenes documentales que cuentan «lo natural» imprimen la norma heterosexual en nuestra fantasía los primeros años de vida.

↓
Pieza producida en colaboración con la artista Marta Velasco.

Laura Marte
Odònim Burjassot, 2023
Vinilo sobre aluminio, 40 × 50 cm c/u

Campus de Burjassot: Fachadas de la Fac. de
Física, Fac. de Química, Fac. de Ciencias
Biológicas, Fac. de Ciencias Matemáticas,
Edificio de Investigación Jeroni Muñoz,
Edificio de Decanato, Servicio de
Informática, Sedi y Museo de Historia
Natural.

Odònim Burjassot se presenta como un
ensayo visual de memoria y feminismo que
intenta evidenciar la falta de presencia de
nombres de mujeres en el espacio público
—sólo alcanzan el 8%— y la falta de referencias
femeninas en los sistemas educativos. La
propuesta recupera los nombres de mujeres
académicas, invisibilizadas por el *efecto
Matilda* y olvidadas dentro de los programas
curriculares. Así, las siguientes calles han sido
nombradas en honor a mujeres académicas:
· Facultad de Física: calle de Marie Curie,
Premio Nobel de Física en 1903 (la
primera mujer en obtener este premio)
y Premio Nobel de Química en 1911.
· Facultad de Química: calle de Lise
Meitner. Meitner desarrolló la teoría que
explica el proceso de fisión nuclear,
pero el Comité de los Nobel otorgó el
premio a su colega Otto Hahn en 1944.

El elemento 109 se llama *meitnerio* en su honor.

· Facultad de Ciencias Biológicas: calle de Margarita Salas. Contribuyó a la determinación de la direccionalidad de la lectura de la información genética y al descubrimiento del ADN.

· Facultad de Ciencias Matemáticas: calle de Emmy Noether. En matemáticas revolucionó las teorías de anillos, campos y álgebras; en física, el teorema que explica la conexión fundamental entre la simetría y las leyes de conservación.

· Centro de Investigación Jeroni Muñoz: calle de Rosalind Franklin. Fue autora de *Photography 51*, considerada la «piedra filosofal de la biología molecular» y codescubridora de la doble hélice del ADN, pero no recibió el Premio Nobel en 1962.

· Decanatos: calle de Olimpia Arocena Torres. En 1930 se convirtió en la primera mujer profesora universitaria de la Universitat de València en la Facultad de Filosofía y Letras.

· Servicio de Informática: calle de Ada Lovelace. Fue la primera en darse cuenta de que una máquina podía manipular no solo los números para obtener resultados aritméticos, sino también los símbolos, y que las operaciones simbólicas podían proporcionar un resultado algebraico.

· Sedi: calle de Carmen Valero Gimeno. Maestra, intelectual, feminista y sindicalista. Fundadora del partido político Esquerra Republicana en Oliva. Reivindicó una escuela integradora e igualitaria que eliminara la discriminación de género en el sistema educativo.

· Museo de Historia Natural: calle de Jane Goodall. Doctora en Etología. Su trabajo ha sido fundamental para proteger los ecosistemas y promover un estilo de vida más sostenible.

Amanda Moreno
Subterraneum laboratorium, 2023
Instalación, 7 piezas de vidrio de
borosilicato sobre soporte, medidas
variables, lectura performativa

Campus de Blasco Ibañez: Edificio de
    Rectorado, vestíbulo.

Subterraneum laboratorium toma como
objeto de estudio la historia de la química
desde un periodo inicial, cuando se la
conoce como alquimia, pasando por
un desarrollo posterior, donde pasa a
concebirse como ciencia, hasta llegar a
nuestros días en los que podemos afirmar
que vivimos en un mundo plenamente
químico. Esta investigación artística incide
en las consecuencias ecológicas de este
desbordamiento químico y su relación con la
proliferación de enfermedades ambientales
emergentes. El proyecto se desarrolla en una
conjunción de saberes de tiempos alternos
que pretenden ser rescatados ahondando
en las relaciones entre salud y enfermedad,
contaminación y naturaleza, química,
alquimia y espagírica.
    Subterraneum laboratorium
se materializa en un conjunto de
piezas de vidrio de borosilicato que
toman la apariencia de cuerpos-vasija
aproximándonos al imaginario de los

recipientes químicos y al anatómico, estableciendo una correlación entre los procesos alquímicos, el cuerpo humano y sus procesos de sanación. Estas piezas son activadas por la artista por medio de una lectura performativa en la que se vale de la voz, el sonido y diversas sustancias medicinales, así como el propio espacio en el que se desarrolla la acción, el edificio de Rectorado. Este fue proyectado en 1908 por el arquitecto vasco José Luis Oriol Urigüen, y al gran valor arquitectónico, de estilo ambiguo, que destaca por su torre característica del art déco valenciano, se suma su simbolismo, ya que el edificio fue pensado, en su origen, para albergar la Facultad de Ciencias de la Universitat de València.

↓

Es importante mencionar que las piezas de vidrio han sido realizadas en colaboración con el soplador de vidrio científico Luís Javier Molina. Era relevante incorporar a las piezas los procesos de un saber aplicado a la ciencia. Procesos que son distintos al de la producción de vidrio industrial o al del soplado de vidrio en caña y que dejan su propia impronta. Se trata, por tanto, de huellas que pueden rastrearse en la obra aportándole otra capa más de significado.

En este proceso de investigación científico-histórica aplicada a la obra, también ha colaborado José Ramón Bertomeu Sánchez, director del Instituto de Historia de la Medicina y de la Ciencia López Piñero de la UV, con su asesoramiento en fuentes bibliográficas, especialmente en lo referente a historia de la toxicología.

Maria Amparo Gomar Vidal
Bildersturm #1. Fernando Rodríguez-Fornos,
2023
Vinilo 405 × 205 cm y vídeo HD, 8 min 33 s

Campus de Blasco Ibáñez: Facultad de
Medicina y Odontología.

Esta pieza lleva por título la palabra alemana
Bildersturm, compuesta por *bild* (imagen) y
sturn (tormenta), traducible como «tormenta
de imágenes». El concepto hace alusión al
movimiento iconoclasta durante la Reforma.
Bilderstürmer eran las personas que por
motivos religiosos destruían imágenes y otros
elementos del culto católico, especialmente
en los Países Bajos. Aunque autores como
Warnke (*Bildersturm*, 1973) ya demostraron
que para este contexto los ataques
iconoclastas iban más allá de las creencias
y comprendían también ataques a bienes
materiales y símbolos del poder.
      Este trabajo se aproxima a la figura de
Fernando Rodríguez-Fornos, rector franquista
de la Universitat de València desde 1941
hasta su muerte en 1951. Licenciado en
medicina y catedrático de Patología Médica,
este científico comparaba la ideología de
izquierdas con una enfermedad mental,
relacionando el marxismo con la histeria: «La
histeria y el marxismo tienen muchos puntos
de contacto. El marxista, como el histérico,

sacaba provecho de la mentira y había que explotarla a toda costa… los acordes de la internacional, entre gritos, algarabías y manifestaciones grotescas, desataban las más bajas pasiones, robos, profanaciones y asesinatos.» (Rodríguez-Fornos, 1941, p. 16).

En 1963 el Ayuntamiento de Valencia mandó erigir un memorial en conmemoración de su más que cuestionable aportación científica y por su «dedicación docente y humanitaria»; memorial que aún permanece en el espacio público, en la avenida de Blasco Ibáñez, enfrente de la Facultad de Medicina y Odontología de la Universitat de València.

De la misma forma, a unos metros de este busto, se puede encontrar también una calle con su nombre. Y en la calle de la Virgen de la Cabeza, un CEIP lleva por nombre Fernando Rodríguez-Fornos.

Mi propuesta es un gesto simbólico de iconoclasia política que propone una mirada hacia un futuro próximo, en el que vestigios franquistas como el busto de Rodríguez-Fornos han desaparecido de la esfera pública.

↓
Proyecto producido con la colaboración de Josep Lluís Barona, profesor del Departamento de Historia de la Ciencia y Documentación de la UV, y José María Azkárraga, investigador de la UV.

Rayito Mcqueen y Fast Zopaz
Parkuir, 2023
Acción, mediación y vídeo 2 min 13 s

Campus de Blasco Ibáñez: Facultad de Ciencias
      de la Actividad y el Deporte.

Traceuxes:
      Fernandito Bondage, Bob Deluxe,
Caster(a) Fuegote, Madamme Patiño, Hermoso
Peligrose, Kilian Peligrose, Suprem Putellas.
      Parkuir es un proyecto de mediación
con el alumnado de la Facultad de Ciencias
de la Actividad Física y el Deporte en torno a
una nueva disciplina: el *parkuir*.
      Esta actividad parte del *parkour*, un
deporte que nos interesa por su potencial
a la hora de resignificar y relacionarse
con el espacio. Aunque es una práctica
que trasciende los límites funcionales
de la arquitectura, está cargada de
connotaciones de género y capacitismo.
Por eso proponemos una relectura desde
una perspectiva *kuir*. Un nuevo formato que
explora el cuerpo y la arquitectura desde
el juego, pero que también nos permite
cuestionar cómo se estructura en términos
de género y accesibilidad, y cómo esto
puede afectarnos, como individuos, a la hora
de relacionarnos con los espacios. Utilizamos
lo *kuir* como metodología de trabajo que nos
permite interrogar estructuras rígidas para

generar fracturas. Entendemos lo *kuir* no desde el ser, sino desde el hacer.

La mediación se organizó en jornadas divididas en tres bloques:

- Una primera parte dedicada a la creación de los personajes, ya que es necesario para poder jugar al *parkuir*. Para ello, utilizamos metodologías del *drag*. que permitieron el nacimiento de Fernandito Bondage, Madamme Patiño o Hermoso Peligrose entre otres. Personajes intersexuales, deportistas fracasados, *trapelles* de vestuario del gimnasio, todes bellamente adornades con brilli-brilli, *tapping* o maquillaje de fantasía.
- Una segunda parte más centrada en la relación entre el cuerpo, la arquitectura y las disidencias en la que, a través de una deriva, prestamos atención a conceptos como el ornamento como metodología política *queer*, el control arquitectónico, la delincuencia o los espacios *queer*.
- Y, por último, pudimos debutar como profesionales del *parkuir*, utilizando la arquitectura de la Universitat como terreno de juego: el campo de fútbol, los aseos, los despachos o el vestíbulo. Una especie de pandilla fantástica-monstruosa, disruptiva que resignifica los espacios de la Facultad.

Creemos que el *parkuir* tendrá muchos adeptos, muchas personas ya se han unido al deporte. Continuamente vemos acciones y gestualidades que no tienen cabida en otros deportes, pero sí en el nuestro. Esta misma mañana hemos visto a una persona quitarse la chaqueta dentro del coche, ha sido tan *parkuir*... ¡Únete!

↓

Proyecto producido con la colaboración de Javier Gil Quintana, profesor investigador del Departamento de Educación Física y Deportiva de la Facultad de Ciencias de la Actividad Física y el Deporte de la UV.

Marta van Tartwijk
Diente de leche, 2023
Pieza sonora: estéreo, 23 min 17 s, 2
altavoces; 10 impresiones digitales sobre
papel vegetal 21 × 29,7 cm c/u

Campus de Blasco Ibáñez: Facultad de
  Filología, Traducción y Comunicación,
  acceso exterior del Salón de Actos.

Retomando la descripción de un beso que
hace Robert Ashley en su ópera *That Morning
Thing*, *Diente de leche* narra el recuerdo de
dos bocas encontrándose y una serie de
imágenes que se disparan de esta acción,
visitando la morfología de esta cavidad y
de los dientes como aparatos fonadores,
indagando en los límites de transmisión del
lenguaje comunicativo.
  La pieza recurre a frases de la
composición de Ashley y a su preocupación
entre aquello que es racional y expresable
y aquello involuntario e inexpresable. En la
pieza de Ashley se relata un encuentro sexual
y se describe un beso poniendo atención
en la anatomía de la boca. El texto entrelaza
estas frases descriptivas de ese contacto
y las mezcla con otras propias que dibujan
y contextualizan la boca y la comunicación
dentro de las políticas asociadas a la estética
dental, a la dicción o al envejecimiento.
Así mismo, *Diente de leche* retoma una

estrategia recursiva para generar un paisaje de imágenes que se van desvelando a través de la fórmula del recuerdo y que han derivado también en un trabajo gráfico.

Si bien el lenguaje idealmente debiera ser algo que nos acerca al mundo, siempre existe la sospecha de que las palabras que usamos para entendernos no sean suficientes para transmitir la propia experiencia. El entendimiento requiere de un consenso y por tanto de una exclusión: la quimera de ser entendido plenamente, de poder ser otro, se destruye. ¿Qué ocurre con todo aquello que queda en los márgenes del lenguaje comunicativo?

El texto hablado se registra mediante micrófonos de contacto a través de la vibración producida por puntos del aparato fonador: la laringe, los dientes, las mejillas… De esta forma se cuelan pequeños sonidos efectuados de forma no deliberada en el habla a consecuencia del roce de la piel, la circulación del aire o la saliva, mezclando así un discurso inteligible con un discurso involuntario. La pieza se ha instalado en el acceso exterior del Salón de actos de la Facultad de Filología, Traducción y Comunicación: una cavidad en la arquitectura situada al lado un sistema de ventilación que exhala rítmicamente los bufidos de la respiración del edificio.

↓

Agradecimientos a: Jara Roset, Javier R. Pérez Curiel, Jonathan Escapa Etxaniz y Reynaldo L. Vásquez Rodríguez.

**Míriam del Saz y Chiara Sgaramella
(La Nómada Taller)**
El saber en las manos, 2023
Serigrafía y sublimación: telas de algodón,
pigmentos y tierras naturales, cera de abeja,
medidas variables

Campus de Blasco Ibáñez: Facultad de Filosofía
y Ciencias de la Educación, jardín.

La obra busca contribuir a revitalizar la
memoria de los conocimientos incorporados
y situados de la huerta valenciana. Los
procesos de urbanización e industrialización
han erosionado los vínculos con los saberes
campesinos y artesanos, basados en la
práctica dilatada en el tiempo y plasmados
tras largos procesos de ensayo y error.
Asimismo, en el contexto académico, la
marginalización de los saberes empíricos
y tradicionales puede interpretarse como
un proceso de invisibilización epistémica
fundamentado en el predominio del
pensamiento racional, dualista y abstracto.
Este proyecto, lejos de defender
una visión idealizada del conocimiento
tradicional, propone aproximar los entornos
de aprendizaje e investigación, así como los
procesos de creación artística, a los sistemas
bioculturales vivos y vigentes que nos
sostienen. En su dimensión iconográfica, la
obra remite al imaginario del trabajo manual y

de las herramientas como prolongación de la mano, respuesta a los desafíos contextuales, y materialización de la relación del cuerpo individual y social con el medio.

La intervención se nutre de múltiples colaboraciones y forma parte de un proceso de investigación interdisciplinar y de amplio respiro centrado en los procedimientos de la gráfica, que explora el potencial de técnicas como la sublimación y la serigrafía, junto con el uso de pigmentos locales y de origen natural.

↓

Proyecto realizado con la colaboración de Xavier Luján, coordinador de Vorasenda, proyecto de agroecología y pensamiento crítico; Luís del Romero, coordinador del grupo de investigación Recartografías, de la UV; y Pau Monteagudo, técnico del Archivo Fotográfico del Museo Valenciano de Etnología (L'ETNO).
Las imágenes históricas incluidas en las piezas pertenecen a las siguientes colecciones: Arxiu Fotogràfic L'ETNO. Fons L'ETNO. Històric y Arxiu Fotogràfic L'ETNO. Fons L'ETNO. Facticia.

Veïna. Art Contemporani de Proximitat
(Verónica Francés y Alfonso Segura)
Bibliografía para una barricada, 2023
Instalación: piedra, madera y pintura, medidas
variables; intervención en la biblioteca y
plataforma web

Campus de Blasco Ibáñez: Facultad de Geografía
       e Historia, patio exterior, y Biblioteca de
       Humanidades Joan Reglá.

Una barricada es un obstáculo levantado en la
calle para impedir el paso o parapetarse tras
él. El adoquín, como elemento funcional, está
diseñado para ser colocado de forma ordenada
generando calles que facilitan la circulación
y el tránsito. Es en la barricada donde,
reestructurado y reorganizado, corta y para el
flujo de un acontecimiento.

      En la universidad convergen la docencia,
la investigación y la difusión del saber. No
solo está diseñada para configurar un camino
profesional sino para generar conocimiento
y pensamiento crítico. Su biblioteca funciona
como centro de recursos para el aprendizaje
y la búsqueda de conocimiento. Estas
estructuras con su organización, catalogación
e institucionalización sistematizan el
conocimiento. Estos patrones, como son las
tramas de las calles empedradas, facilitan el
tránsito, pero a la vez se pueden levantar y
reestructurar para generar contrarrelatos, que

interrumpen las narrativas dominantes y que nos ayudan a pensar el mundo de forma diferente.

Entendemos la barricada como un dispositivo cultural de acción, donde el conocimiento y el pensamiento crítico funcionan como parapeto frente a discursos de odio y dogmas. Funciona además como retaguardia donde aprovisionarse de herramientas con las que enfrentarse a desigualdades y contradicciones sociales. Con esa finalidad preguntamos: ¿Qué libros funcionan para ti como una barricada cultural? Con las propuestas de la comunidad universitaria, seleccionamos los libros con los que se creó una sección en la Biblioteca de Humanidades. Los títulos forman parte de un catálogo que puede ser consultado en la plataforma del proyecto, cuya signatura puede leerse en los adoquines de la instalación. Con la activación del proyecto conseguimos nuevas adquisiciones, facilitando la comunicación y el poder de decisión de la comunidad universitaria en la Biblioteca.

↓

Proyecto realizado con la colaboración de la Biblioteca de Humanidades Joan Reglà y con las personas que han contribuido aportando referencias bibliográficas. Ilustraciones: Gat Cosmonauta.

Interdependence and the collective in the context of the 26th Mostra art pública/ universitat pública.
Alba Braza

The 26th Mostra art públic / universitat pública once again opens up the Burjasssot and Blasco Ibáñez campuses as places for artistic creation. Through twelve interventions located in both the outdoor and indoor spaces of the different university faculties and departments, reflections have been offered on current issues from a committed and situated perspective (Haraway, 1995) and closely linked to the knowledge that dwells in the places where the interventions have been carried out.

Since the 24th edition, we have sought to host artistic projects focused on the approach of contemporary art to science and the social and human sciences, accepting them and turning them into detonators of other decentralised transversal knowledge with the ability to interact with the university space of the two campuses on which they are located (Braza, 2022). The experience acquired in these 26 editions, in which public art has been kept at the centre, has made it possible to create an identity that is specific to this edition, a way of doing that has been reflected and transmitted through the texts created in each edition. An analogy that reveals how we want to work with the idea of public art, what the notion of public is, and from which perspectives the works that make up the history of the Mostra are analysed.

With our aims set out, I will focus on the features that stand out in this new edition, with a clear intention to highlight their value and to turn attention from the determining circumstances provided by architecture to those exclusively contributed by human factors.

To do so, in this text, I will address how, although there are 12 awards, we cannot talk about 12 artists, and how a network of influential interrelationships has been created in the works.

Seventeen artists have been responsible for conceptualising the interventions in this edition, and we can even add two more if we include the collaboration of friends and partners. We have groups that stand out for their long careers together, as well as teams that explore collective methodologies for the first time. Art al Quadrat, Voces que cuidan, Rayito Macqueen i Fast Zopaz, Miriam Del Saz i Chiara Sgaramella (La Nómada taller), Veïna and Art Contemporani de Proximitat (Veronica Francés and Alfonso Segura) are clear examples of this.

This predominant presence of the plural in the face of the singular highlights the crisis of self-sufficiency that contemporary art has shown since the 1960s. Artists are therefore moving away from the idea of the artist inherited from Western enlightened thought, considered to be an essentially introspective and self-sufficient being (Polanco, 2019), and renounce individual authorship, finding added value in dialogue and accompaniment that does not belong to the premises of capitalism, whose assumption of individualism will extend to practical and economic issues.

Distanced from this idea of the bourgeois subject, artists call for creating, instead of talking about, the existence of other cultures and therefore of other ways of explaining the world that go beyond what is learned: white, European, masculine etc., thus adding new symbolic loading to the stories that they address in their work.

Talking about creation in the plural leads us to focus on the central question of the matter: Are we looking at the creation of collective thought or collective creation? This is an issue that Amaya Pérez Orozco addresses, shedding light on how thought is never an individual enlightenment, and so perhaps talking about collective creation is, in all its aspects, redundant (Pérez Orozco, 2014).

Thus, it is hardly surprising that in their works, these artists in the plural have chosen models based on shared study and collaborative production. In the same way, neither can this be considered a reason for exclusivity, since the collaboration system provided by the Mostra has been put in to practice in a shared way, with these connections being established in all the cases in which they have really meant an added layer of meaning and in which the viability, mainly conditioned by the factor of time, has made it possible.

Despite this, those that do not appear to have done so are still far from being individual enlightenments, since the references to other authors as a basis for their stories are especially clear. In this way, Marta van Tartwijk with her work *Milk Tooth*, in the Faculty of Philology, Translation and Communication, directly refers to the opera by the American composer Robert Ashley, entitled *That Morning Thing*. Laura Marte's work, *Odonyms of Burjassot,* names the streets on which the faculties of the Burjassot campus are located after important women scientists. Here, it is their professional careers that justifies the artist's choice, leaving fiction to the urban space alone.

Valentina Alvarado Matos' sound piece and printed images, *They were Diurnal but Also Nocturnal*, tells the story of a colonised landscape through the vision of a firefly, and brings together other possible narratives and constructions in the cabinets of the Natural History Museum of the University of

Valencia (M(UV)HM). And, with *Foundations of the Hetero-Real Fantasy*, Sara Torres, in the Faculty of Biological Sciences, reveals the construction of heterosexual desire through three levels of content: narrative fragments extracted from different animal documentaries, reference to the work *Pensée Straight* (The Straight Mind, 1992) by the French philosopher Monique Wittig and poetic texts written by the artist herself.

Furthermore, Micaela Maisa's work, *Optics and Metaphor*, in the Faculty of Physics, and Amanda Moreno's *Subterraneum laboratorium*, in the Rectorate Building, explicitly refer to the work of the American philosopher Donna Haraway and the historians of medicine José Bertomeu (*Tóxicos: pasado y presente. Pensar históricamente un mundo tóxico*, 2021) and Soraya Boudia (*Ignorance studies: Recent trends and future avenues*, 2023), respectively. Moreover, both show part of the conceptualisation and production process by mentioning different researchers with whom they have had conversations and who have guided them. Maisa with Jesús Palo, Pas García. José Juan Esteve and María Amparo Diaz, in the Department of Optics, Optometry and Vision Sciences in the Faculty of Physics and Moreno with Ramón Bertomeu Sánchez, director of the López Piñero Institute of the History of Medicine and Science of the UV. This recognition or gesture, while showing that these contributions have not been determining, just like the bibliographical references, once again reveals the idea of moving away from the concept of the artist in their ivory tower, inspired and learned, and places them on an earthly plane where their strength lies in their ability to consult, ask and listen.

In this sense, and with greater visibilisation of this communication that has already been transformed into interference, Art al Quadrat, *RAE vs DUE*, and Maria Amparo Gomar Vidal, *Bildersturm #1. Fernando Rodríguez Fornos,* establish dialogues that are clear in the completion of their work. Both projects critically review aspects of recent history. The first, in the Eduard Boscà Science Library, was guided by Mercedes Quilis Merín, Spanish Language teacher in the Department of Spanish Philology of the Faculty of Philology, Translation and Communication. It is an intervention that offers the public the meaning of a series of terms selected from and consulted in two different dictionaries: the *Diccionario de la lengua española* (Dictionary of the Spanish Language) (18th ed. Madrid: Real Academia Española, 1956) and the *Diccionario de uso del español* (Dictionary of the Use of Spanish) by María Moliner (Madrid: Gredos, 1966). By aligning the definitions, the artists reveal the strong political power, and therefore the production of subjectivities, that the institutional regulation of language has.

The second, at the exit of the Faculty of Medicine and Dentistry lobby, shows the image of the garden outside through an image printed on adhesive vinyl and a video. Unlike what we see reality, in Gomar Vidal's work, the bust honouring Fernando Rodríguez Fornos does not appear. It is only seen for a few seconds in the video accompanied by a text written by Josep Lluís Barona, professor of History of Science and Documentation at the UV, which in turn quotes texts by the professor and rector of the UV, Rodríguez Fornos, revealing his fascist ideology that today would (or should) be punished for being a hate crime.

Both projects have a strong social commitment linked to historical memory, joining the desire to show how the objective and impartial are another fiction of our reality.

With *Knowledge in our Hands*, Miriam Del Saz and Chiara Sgaramella (La Nómada taller) propose another model of interrelation in the creation processes. In this work, various agents and knowledge beyond academic connections have participated, with the experience and transmission of knowledge of the agroecological group Vorasenda and the contribution of images from the Photograph Archive of the Museu Valencià d'Etnologia (L 'ETNO) being added to the collaboration carried out with the Recartografies (UV) research group. It is an intervention in the garden of the Faculty of Philosophy

and Educational Sciences, carried out
with a technique developed by the artists
themselves through which they have been
able to make a screen print on cotton fabric
using only natural pigments extracted from
the land where the foods they responsibly
consume are grown. This technique goes
together with the meaning of the images,
since they were taken by study groups in the
field of ethnology and reflect a woman and a
man who worked in the Valencian fields with
methods that today are called traditional.

Along with the process and material
part of the work, the artists included a
mediation session with which they included
the memories of the people who made up
the group as part of the completed work.

Artistic mediation as a resource for
the production of collective knowledge has
also been used by Voces que cuidan, in the
work *Burjassot Campus Cleaning Team* and
by Rayito Macqueen and Fast Zopaz, in the
video *Parkuir*.

Elena San Martín and Santiago
Fernández work by conducting mediation
sessions for groups carrying out care-
related tasks. From these encounters,
they edit sound files through which they
transmit, in a poetic way, how essential these
unrecognised and often unpaid or poorly
paid tasks are. Here, Voces que cuidan, have
given a voice to a group of working women

responsible for cleaning jobs on the Burjassot Campus. These women, with their experiences and way of conceiving the world, accompany the listeners as they visit the campus from their perspective. At the same time, the illustrator Elena Llamas Aliaga has participated in the work by transforming the mediation meetings held into an image to physically situate and start the sound journey.

In the work presented by Rayito Macqueen and Fast Zopaz, the mediation sessions are also essential, and this time are aimed at the students of the Faculty of Physical Activity and Sport Sciences. The artists propose that the group learn *Parkuir,* a new sports discipline created from a queer perspective based on the relationship between the body and architecture established by *parkour*. Through humour and irony, the artists highlight stereotypes linked to gender, body and sport that belong to hetero-patriarchal predominance. The final work is a video that is shown framed with a pink boa in the lobby of the same faculty. In this work, the interference of the knowledge shared with the group of sportspeople putting Parkuir into practice is clear, as is the assistance provided through collaboration with Javier Gil Quintana, teacher and researcher at the Faculty of Physical Activity and Sport Sciences.

Finally, Veïna, with *Bibliography for a Barricade*, Art Contemporani de Proximitat

(Verónica Francés and Alfonso Segura) offer an open production process in collaboration with the public. The work consists of two object-based and one virtual part, through which they form a possible interpretation of what a cultural barricade could be. Referring to the paving stone, in May 1968, and the book as a tool for revolution, they place a pallet of paving stones between the Faculty of Geography and History and the Joan Reglà Humanities Library. Part of the paving stones is engraved with a series of catalogue numbers that correspond to the bibliographical references of books. This bibliographical selection has been carried out thanks to two accomplices: the people who have anonymously indicated the importance of the title in question (since the artists enable anyone who wishes to participate to do so through an open form) and library staff who, following the project, have acquired the copies that were not already available. These books have been arranged inside the library: the project is displayed on a specific shelf and inside each of them an engraving by the illustrator Gat Cosmonauta is hidden, revealing the second object-based part of the work.

Thus, in this new edition, the idea of the plural and collective opens multiple paths of interpretation that lead us to the core of the approaches focusing on the human being as an eco-dependent and interdependent being (Herrero, 2023). If we (also) exercise a situated curatorial practice, it is possible to promote, facilitate and raise awareness of the parallels between cultural production and the idea of care through a desire to value jobs that seem to be neither productive nor decisive. However, in reality, they have been part of the process and have favoured the production of specific creations for a particular place, people and time.

↓

· Aurora Fernández Polanco, Crítica visual del saber solitario, Bilbao, Consonni, 2019, p. 21.
· Amaia Pérez Orozco, Subversión feminista de la economía, Madrid, Traficantes de Sueños, 2014, p. 31.
· Yayo Herrero, & Idensitat. (n.d.). (V.O) Aesthetics, care and ecofeminism, Retrieved 18 October 2023, from https://vimeo.com/868298872.
· Alba Braza Boils, Atravesar el campus como práctica arte, XXIV Mostra art públic/universitat pública, Servei d'Informació i Dinamització Servei d'Informació i Dinamització (Sedi) de la Universitat de València, 2021.
· Donna Haraway, Ciencia, cyborgs y mujeres: la reinvención de la naturaleza, Cátedra, 1995.

Art al Quadrat
RAE vs DUE, 2023
48 canvases printed in b/w, 50 × 80 cm each

Burjassot Campus: Science Library Eduard
        Boscà, 1st floor.

Work created from the *Diccionario de la
lengua española* (Dictionary of the Spanish
Language) (18a ed. Madrid: Real Academia
Española, 1956) and the *Diccionario de uso
del español* (Dictionary of the Use of Spanish)
by María Moliner (Dictionary of the Use of
Spanish) (Madrid: Gredos, 1966).
    RAE versus DUE consists of 48 printed
canvases on which words from the 1956
version of the Royal Spanish Academy
dictionary are compared with María Moliner's
dictionary, published 10 years later.
    Despite the apparent objectivity of
the official dictionary, a global reference
of the Spanish language, it continues to
reveal gender, political and religious biases
determined by the cultural heritage and socio-
political context in which it was written.
    In turn, within the small margin of
freedom that the Francoist dictatorship
allowed her, María Moliner found a small and
subtle space to make social contributions,
apart from her own, within lexis, word order
and semantics. She made it possible to
catch a glimpse, in an almost insignificant

way, of a society that is more open, inclusive and egalitarian towards women and the working classes, and less acquiescent to the predominant Catholicism.

In this work, we highlight the figure of María Moliner, linked to the University of Valencia (head of libraries in 1936 and 1937). She was sanctioned by Francoism by being assigned to a professional position 18 ranks below her. Even so, in 1946, she took on the task of writing the dictionary alone, which would take her 15 years of work.

↓

Project developed with the guidance of Mercedes Quilis Merín, Spanish Language teacher in the Department of Spanish Philology of the Faculty of Philology, Translation and Communication of the UV.

Voces que cuidan (Elena Sanmartín Hernández and Santiago Fernández Honrubia)
Burjassot Campus Cleaning Team, 2023
12 colour prints on adhesive vinyl, 150 × 95 cm each, spoken narratives and sound walk

Burjassot Campus: Faculty of Chemistry, exteriors.

Burjassot Campus Cleaning Team is a sound narrative that invites us to discover the work of the cleaners of the University of Valencia. This is an essential task for the university community to be able to carry out its research, administration and teaching work. This piece is part of *Voces que cuidan* (Voices that care), an artistic project with cultural mediation that brings together and archives the stories of professional home, cleaning and care workers.

In this sound file, we hear the voices of Mabel, Pili, Dolores, Estela, Pilar, Jenny and Araceli, who tell us what their working day is like: the tools and uniforms they take with them, the injuries they suffer due to the repeated movements they make, the instructions they receive and how they work in more complicated spaces such as the chemistry labs, how they relate to the rest of the people who work and stay in the faculties and, finally, the relationship between them as colleagues.

These voices are intertwined with the sounds that they make as they clean. While we listen to their testimonies about what it means to work in the cleaning team of a university, we also hear the rubbing of a cloth, a mop sliding across the floor or the pleasant "psss-psss" of a window cleaner spray. In addition, the recording is accompanied by drawings of what is narrated in the audios, an element that helps us to create new imagery to represent cleaning and care work in history of art.

↓
Project carried out with the illustrator Elena Llamas Aliaga and with the collaboration of Mabel Fuster, Pili Martínez, Dolores Muñoz, Estela Cerverón, Pilar Lafuente, Jennifer Pradillo and Araceli Ruiz (cleaning staff on the Burjassot campus) in the mediation phase involved in the production of the work.
A sound walk on the Burjassot Campus was included.

Micaela Maisa
Optics and Metaphor, 2023
6 elements, digital print, lenses,
articulated metal stand, variable
dimensions

Burjassot Campus: Faculty of Physics,
        block C, ground floor.

Optics and Metaphor is composed
of a series of pieces that aim to shed
light on the line uniting art, optics and
epistemology with the visual sphere.
The literature on the way in which we
understand knowledge is full of visual
and optical metaphors, illustrating a clear
relationship between seeing and knowing.
        These metaphors are also a light
for thinking critically about ways of
seeing, speculating beyond reflection
and objectivity and retrieving vision as a
complex, social and even poetic process
set in a specific visual system.
        In the visual game proposed by
Optics and Metaphor, there is no answer
but an invitation to a shift. Devised between
the movement of lenses and images, it
suggests the possibility of creating links
between a historical and scientific tradition
and a poetic and everyday tradition,
mediated by the physical and metaphorical
components that contribute to sight.

Following Donna Haraway's invitation to address thought from the concept of diffraction, instead of refraction, we contemplate opening our gaze and recognising the multiple filters and lenses that operate or interfere in our ways of perceiving and knowing the world. In addition, it establishes imagery implying a comparison between light and knowledge, and its relationship with the good, the divine or the mystical, which is found in a large part of the Western philosophical tradition. From the combination of scientific representations of how the eye, light and vision work, artistic representations and images of atmospheric optical phenomena, a setting is created that lends itself to the expression of these concepts, while at the same time putting the creation of all these images on the same level.

↓

Project carried out with the guidance of Jesús Malo, Pas García, José Juan Esteve y María Amparo Díez in the Department of Optics, Optometry and Vision Sciences of the Faculty of Physics of the UV.

Valentina Alvarado Matos
They were Diurnal, but Also Nocturnal, 2023
Sound piece, 11 min 04 s; 3 printed images,
38 × 25 cm, 12 cm × 18 cm and 40 cm × 30 cm

Burjassot Campus: Natural History Museum.

On that cloudy day, I met someone sleeping
under an oil palm:
    Elaeis guineensis
    Elaeis guineensis Elaeis guineensis
Elaeis guineensis
    Night oil and day oil
    She underlined a text that said: Put
a level in the desert, they will not reach
it because they're looking for rivers and
streams.
    That night, three fireflies flew into my
mouth.
    Later, one wanted to fly into my left eye.
    The wind from behind helped it lose its
way.
    Floren's hair reverberated on my right
elbow and stopped more from flying into my
mouth.
    I squeezed my mouth as though I was
going to blow up a balloon, those three were
dancing and I acted as though I was drying my
waterless mouth with them.
    I opened up a bit.
    One flew out.

I opened up as if to whistle and they all flew out, freed by my throat.

(extract from *They were Diurnal, but Also Nocturnal*)

What keeps us in a place? How do we describe the smell of dry earth?
They were Diurnal, but Also Nocturnal narrates, in an ambiguous and fragmented way, a memory given by a landscape, but also an experience: a bodily feeling, where language stumbles, there are loose notes, obsessions and some recordings of the countryside that make up a sound landscape, intertwining the sounds of the latitudes running through me.

As well as being a geographical space, landscape is also a living experience. At the heart of landscape, there is an experience and with this there is a personal sense of the environment. Through a spoken narrative, the piece translates the description of a land close to me with which I connect through diaspora and memory.

Sara Torres
Foundations of the Hetero-Real Fantasy, 2023
Prints on paper, methacrylate and wood;
diptych, 80 × 90 × 20 cm each

Burjassot Campus: Faculty of Biological
     Sciences, block A, ground floor.

In our subjective history, is there a moment
when we first feel desire? When and with
which images do we begin to desire? A girl
watches a documentary with her parents. In
it, the lives of animals are shown through a
narration in which the voice-over seems to
support the truth about what is natural, and not
a story or perspective that has been screened
by human culture. In the documentary, the
girl observes life ordered into being born,
feeding, reproducing and dying; verbs that
sum up the mystery of what is vital and what
we all go through, indisputable "nature".
Sexuality, orientated towards reproduction, is
captured in the image of a potentially violent
penetrating body and another potentially
passive body being penetrated. Sexuality is
imprinted on the psyche of childhood as a
natural encounter between one active body
and another passive one. In this way, through
images and stories, it is both consciously and
unconsciously shaped.
     In unfolding three layers of meaning:
documental text, critical text and poetic text,

the piece presents the process of the subject's de-identification with the "hetero-real" fantasy. This concept refers to compulsory education in the heterosexual gender binary: a predominant fantasy that plays a role in the regularisation and standardisation of desire and life forces in the body. The critical text cited belongs to the essay *La Pensée Straight* (The Straight Mind, 1992) by Monique Wittig and the poetic text is written by the artist.

This visual project, designed for the context of the Burjassot Campus, in the spaces of the Faculty of Biology and the Museum of Natural History, offers a mechanism for reflection on the images and ideas that introduce us to Western sexual human culture. In this way, the piece shows how documentary narrations on natural life have an ideological perspective and lead us towards a formula of desire based on the gender binary and attraction between opposite roles, presented as "complementary". The main argument developed is that our education on desire is shared and that the documentary images that explain "the natural" imprint a heterosexual norm on our fantasy in the early years of our lives.

↓
Piece produced in collaboration with the artist Marta Velasco.

Laura Marte
Odònim Burjassot, 2023
Vinyl on aluminium, 40 × 50 cm each

Burjassot Campus: Facades Fac. of Chemistry, Fac. of Biological Sciences, Fac. of Mathematical Sciences, Research Building Jeroni Muñoz, Deanery Building, IT Service and Natural History Museum.

Odònim Burjassot is presented as a visual essay on memory and feminism that aims to show the absence of women's names in public spaces, where they only make up 8%, and the lack of feminine references in education systems. The proposal restores the names of women in academia, made invisible by the *Matilda effect* and forgotten in curriculums. In this way, the following streets have been named in honour of women in academia:

· Faculty of Physics: Calle de Marie Curie, Nobel Prize in Physics in 1903 (the first women to be awarded this prize) and Nobel Prize in Chemistry in 1911.
· Faculty of Chemistry: Calle de Lise Meitner. Meitner developed the theory that explains the process of nuclear fission, but the Nobel Committee awarded the prize to her colleague Otto Hahn in 1944. Element 109 is named *meitnerium* in her honour.

- Faculty of Biological Sciences: Calle de Margarita Salas. She contributed to the determination of direction of reading the genetic message and the discovery of DNA.
- Faculty of Mathematical Sciences: Calle de Emmy Noether. In mathematics, she revolutionised the theories of rings, fields and algebras and in physics, the theorem that explains the fundamental connection between symmetry and conservation laws.
- Jeroni Muñoz Research Centre: Calle de Rosalind Franklin. She was the author of *Photography 51*, considered to be the "philosopher's stone of molecular biology", and was co-discoverer of the double helix of DNA, but she did not receive the Nobel Prize in 1962.
- Deaneries: Calle de Olimpia Arocena Torres. In 1930, she became the first female university teacher at the University of Valencia in the Faculty of Philosophy and Arts.
- IT service: Calle de Ada Lovelace. She was the first to realise that a machine could not only manipulate numbers to obtain arithmetic results but also that symbol operations could provide algebraic results.
- Information and Promotion service (Sedi): Calle Carmen Valero Gimeno.

Teacher, intellectual, feminist and trade unionist. Founder of the political party Esquerra Republicana (Republican Left) in Oliva. She called for inclusive and equalitarian education to eliminate gender discrimination in the education system.

· Natural History Museum: Calle de Jane Goodall. Doctor of Ethology. Her work has been fundamental for the protection of ecosystems and the promotion of a more sustainable lifestyle.

Amanda Moreno
Subterraneum laboratorium, 2023
Installation, 7 pieces of borosilicate glass on a
stand, variable dimensions, performative reading

Blasco Ibáñez Campus: Rectorate Building, lobby.

The subject matter of *Subterraneum
laboratorium* is the history of chemistry from
its beginnings, when it was known as alchemy,
through to its later development, when it
became known as science, up until today
when we can say that we are living in a fully
chemical world. This piece of artistic research
highlights the ecological consequences of this
chemical overflowing and its relationship with
the proliferation of emerging environmental
diseases. The project is developed together
with knowledge from other times which it aims
to retrieve, looking in depth at the relationships
between health and disease, pollution and
nature, chemistry, alchemy and spagyria.
    Subterraneum laboratorium is created
through a set of pieces of borosilicate glass
which take on the appearance of body-
vessels, bringing us closer to the imagery of
the chemical and anatomical containers and
establishing a correlation between alchemical
processes, the human body and its healing
processes. These pieces are activated by the
artist through a performative reading in which
she makes use of voice, sound and different

medicinal substances, as well as the space in which the activity is carried out itself, the Rectorate building. This building was designed in 1908 by the Basque architect José Luis Oriol Urigüen. In addition to its great architectural value with its amb guous style—which stands out for its tower, characteristic of Valencian art deco—is its symbolism, as it was first designed to accommodate the Faculty of Sciences of the University of Valencia.

↓

It is important to mention that the glass pieces have been made in collaboration with the scientific glass blower Luís Javier Molina. It was important to incorporate the processes of knowledge applied to science. These processes are different from the production of industrial glass or glass cane blowing and they leave their own mark. Thus, fingerprints can be traced on the work, giving it yet another layer of meaning.

In this process of scientific-historical research applied to the work, José Ramón Bartomeu Sanchez, director of the López Piñero Institute of the History of Medicine and Science. has also contributed through his guidance on bibliographical sources, especially regarding the history of toxicology.

Maria Amparo Gomar Vidal
Bildersturm #1. Fernando Rodríguez-Fornos,
2023
Vinyl 405 × 205 cm and HD video, 8 min 33 s

Blasco Ibáñez Campus: Faculty of Medicine and
    Dentistry.

The title of this piece is the German word
"Bildersturm", formed of "bild" (image) and
"sturm" (storm), which can be translated
as a storm of images. The concept alludes
to the iconoclastic movement during the
Reformation. *Bilderstürmer* were the people
who, for religious reasons, destroyed images
and other elements of Catholic worship,
especially in the Netherlands. However,
authors such as Warnke (*Bildersturm*, 1973)
have already shown that in this context,
iconoclastoc attacks went beyond beliefs
and were also attacks on material goods and
power symbols.
    This work explores the figure of
Fernando Rodríguez-Fornos, the Francoist
rector of the University of Valencia from 1941
until his death in 1951. A medicine graduate
and professor of medical pathology, this
scientist compared left-wing ideology to a
mental illness, linking Marxism with hysteria:
"Hysteria and Marxism have many points of
contact. The Marxist, like the hysteric, took
advantage of lies and had to exploit them at

all costs... to the chords of the international, among shouting, commotion and grotesque demonstrations, they unleashed the basest passions, thefts, profanations and murders" (Rodríguez-Fornos, 1941, p. 16).

In 1963, Valencia City Council ordered a memorial to be erected to commemorate his more than questionable scientific contributions and for his "teaching and humanitarian dedication". This memorial still stands in the public space on Avenida de Blasco Ibañez, in front of the Faculty of Medicine and Dentistry of the UV.

Similarly, a few metres away from this bust, there is still a street named after him in the public space. In addition, in Calle de la Virgen de la Cabeza, there is a primary school named Fernando Rodríguez-Fornos.

My proposal is a symbolic gesture of political iconiclasm which looks towards the near future, in which Francoist vestiges, like the bust of Rodríguez-Fornos, have disappeared from the public sphere.

↓
Project produced with the collaboration of Josep Lluís Barona, professor of the History of Science and Documentation at the UV and José María Azkárraga, UV researcher.

Rayito Mcqueen and Fast Zopaz
Parkuir, 2023
Action, mediation and video 2 min 13 s

Blasco Ibáñez Campus: Faculty of Physical
Activity and Sports Sciences.

Traceurs: Fernandito Bondage, Bob Deluxe,
Caster(a) Fuegote, Madam Patiño, Hermoso
Peligrose, Kilian Peligrose, Suprem Putellas
Parkuir is a mediation project with
students of the Faculty of Physical Activity
and Sport Sciences on a new discipline:
parkuir.
This activity is based on *parkour*,
a sport that interests us because of its
potential to give a new meaning and
connect to space. Although it is a practice
that transcends the functional limits of
architecture, it is loaded with gender and
ableism connotations. For this reason, we
propose a rereading from the perspective
of *kuir*. This is a new format that explores
the body and architecture from the point of
view of play, but also allows us to question
how it is structured in terms of gender and
accessibility, and how this can affect us
as individuals when it comes to relating to
spaces. We use *kuir* as a work methodology
that allows us to question rigid structures
to create fractures. Understanding *kuir* not
through being, but through doing.

The mediation was organised in days divided into three blocks:

· The first part was dedicated to the creation of the characters, which is necessary to be able to play *parkuir*. To do this, we used methodologies from *drag*, which brought about the birth of Fernandito Bondage, Madam Patiño and Hermoso Peligrose among others. They are intersex characters, failed athletes, cheats in the gym locker room, all beautifully adorned with glitter, *tapping* or fantasy makeup.

· The second part was more focused on the relationship between the body, architecture and dissent in which, through a drift, we pay attention to concepts such as adornment as a *queer* political methodology, architectural control, delinquency and *queer* spaces.

· And, finally, we were able to make our debut as *parkuir* professionals, using the University architecture as a playing field: the football field, the toilets, the offices and the lobby. A kind of fantasy-monster, disruptive gang that gives new meaning to the faculty spaces.

We believe that *parkuir* will have many followers and many people have already taken up the sport. We constantly see actions and gestures that have no place in other sports, but they do in ours. This morning, we saw someone take off their jacket inside their car, it was so *parkuir*... Join Us!

Project produced with the collaboration of Javier Gil Quintana, researcher and teacher at the Faculty of Physical Activity and Sport Sciences of the UV.

Marta van Tartwijk
Milk Tooth, 2023
Sound piece: stereo, 23 min 17 s, 2 speakers;
10 digital prints on vegetable paper 21 × 29.7
cm each

Blasco Ibáñez Campus: Faculty of Philology,
        Translation and Communication, exterior
        acces to the Assembly Hall.

Taking up to the description of a kiss made by
Robert Ashley in his opera *That Morning Thing,*
Milk Tooth narrates the memory of two mouths
meeting and a series of images shot from
this action, examining the morphology of this
cavity and teeth as the vocal apparatus andd
investigating the limits of the transmission of
communicative language.
        The piece is supported by phrases from
Ashley's composition and his concern about
what is rational and expressible and what
is involuntary and inexpressible. In Ashley's
piece, a sexual encounter is narrated and a
kiss is described, focusing on the anatomy of
the mouth. The text intertwines the phrases
describing this contact and mixes them with
others of its own that portray and contextualise
the mouth and communication within politics
associated with dental aesthetics, diction
and aging. Likewise, *Milk Tooth* takes up a
recursive strategy to create a landscape of
images that are revealed through the formula

of memory, which have also led to a piece of graphic work.

While language should ideally be something that brings us closer to the world, there is always the suspicion that the words we use to understand each other are not enough to convey our own experience. Understanding requires a consensus and therefore an exclusion: the chimera of being fully understood, of being able to be another, is destroyed. What happens to everything left on the margins of communicative language?

The spoken text is recorded by means of contact microphones through the vibration produced by points of the vocal apparatus: the larynx, the teeth, the cheeks etc. In this way, small sounds unintentionally slip into the speech as a result of skin rubbing, air circulation or saliva, thus mixing intelligible speech with involuntary speech. The piece has been installed outside entrance to the Assembly Hall of the Faculty of Philology, Translation and Communication: a cavity in the architecture located next to a ventilation system that rhythmically exhales the sound of the breath of the building.

↓

Thanks to: Jara Roset, Javier R. Pérez Curiel, Jonathan Escapa Etxaniz and Reynaldo L. Vásquez Rodríguez.

Míriam del Saz and Chiara Sgaramella (The Nomad Workshop)
Knowledge in our Hands, 2023
Screen printing and sublimation: cotton fabrics, natural pigments and soils, beeswax, variable measurements

Blasco Ibáñez Campus: Faculty of Philosophy and Educational Sciences, garden.

The work seeks to contribute to reviving the memory of the incorporated and situated knowledge of the Valencian huerta (fields). The processes of urbanisation and industrialisation have eroded links with rural and artisan knowledge, based on practices stretched out over time and shaped through long processes of trial and error. Likewise, in the academic context, the marginalisation of empirical and traditional knowledge can be interpreted as a process of epistemic invisibilisation, based on the predominance of rational, dualistic and abstract thought.

This project, far from defending an idealised vision of traditional knowledge, aims to bring learning and research environments, as well as artistic creation processes, closer to the living and current biocultural systems that sustain us. In its iconographic dimension, the work refers to the imagery of manual work and tools as an extension of the hand, a response to contextual challenges, and the materialisation of the relationship of the individual and social body with the environment.

The intervention is inspired by multiple collaborations and is part of an interdisciplinary and wide-ranging research process focused on graphic procedures, exploring the potential of techniques such as sublimation and screen printing, along with the use of local and natural pigments.

↓

Project carried out with the collaboration of Xavier Luján, coordinator of Vorasenda, an agroecology and critical thinking project; Luís del Romero, coordinator of the UV research group Recartografías; and Pau Monteagudo, technician of the Photograph Archive of the Museu Valencià d'Etonologia (L'ETNO).
The historical images included in the pieces belong to the following collections: Arxiu Fotogràfic L'ETNO. Fons L'ETNO. istòric i Arxiu Fotogràfic L'ETNO. Fons L'ETNO. Facticia.

**Veïna. Art Contemporani de Proximitat
(Verónica Francés and Alfonso Segura)**
Bibliography for a Barricade, 2023
Installation: stone, wood and paint, variable
measurements; intervention in the library and
online platform

Blasco Ibáñez Campus: Faculty of Geography
and History, yard exterior, and Joan Reglà
Humanities Library.

A barricade is an obstacle raised in the street
to prevent passage or to hide behind. The
paving stone, as a functional element, is
designed to be placed in an ordered way,
creating streets that facilitate circulation and
traffic. It is at the barricade where, restructured
and reorganised, the flow of an event is cut
and stopped.

     At the university, teaching, research
and the dissemination of knowledge are
brought together. It is not only designed
to set up a career path but to generate
knowledge and critical thinking. Your library
serves as a resource centre for learning and
the pursuit of knowledge. These structures,
with their organisation, cataloguing and
institutionalisation, systematise knowledge.
These patterns, like the layout of paved
streets, facilitate movement, but at the same
time they can be raised and restructured to
generate counter-narratives which interrupt

the dominant narratives and help us think about the world differently.

We understand the barricade as a cultural device for action, where knowledge and critical thinking work as a parapet against hate speech and dogmas. It also functions as a rear-guard to provide us with tools with which to confront inequalities and social contradictions. With this aim, we ask, Which books work as a cultural barricade for you? With the university community's suggestions, we selected the books that make up a section in the Humanities Library. The titles are part of a catalogue that can be found on the project platform, the catalogue numbers of which can be read on the paving stones in the installation. With the start of the project, we made new acquisitions, facilitating the communication and decision-making power of the university community in the library.

Project carried out with the collaboration of the Joan Reglà Humanities Library and with the people who have contributed by providing bibliographical references. Illustrations: GAT Cosmonaut.

*XXVI Mostra art públic /
universitat pública*

Campus de Burjassot | Campus
de Blasco Ibáñez (Universitat
de València)
2023

Rectora:
  M. Vicenta Mestre

Delegat d'Estudiants:
  Marcos Durá

Exposició
Campus de Burjassot:
5 d'octubre al 2 de
novembre de 2023
Campus de Blasco Ibáñez:
27 d'octubre al 24 de
novembre de 2023
Organitza:
  Servei d'Informació
  i Dinamització (Sedi).
  Delegació d'Estudiants.
  Universitat de València
Col·labora:
  Vicerectorat de Cultura
  i Societat. Universitat
  de València
Comissària:
  Alba Braza
Selecció de projectes:
  Teresa Millet, doctora
  en Història de l'Art i
  conservadora de l'IVAM
  Carlos Almela, investigador
  i mediador cultural
  Ester Alba, vicerectora
  de Cultura i Societat de
  la Universitat de València
  Alba Braza, comissària de
  la Mostra art públic /
  universitat pública
Assistència tècnica al
muntatge:
  Santiandrés Montaje
  expositivo, Serveo
  Servicios SAU i personal
  de manteniment i jardineria
  dels campus de Burjassot
  i de Blasco Ibáñez
Gestió tècnica i
administrativa:
  Mónica García, Eva Llorenç
  Ferranda Martí, Pedro J.
  Sánchez, Lola Rubio

Comunicació:
  Mireia Capsir,
  Pablo Martínez

Catàleg
Edició:
  Universitat de València,
  Servei d'Informació i
  Dinamització (Sedi)
Coordinació:
  Alba Braza, Eva Llorenç,
  Arantza Torrecillas
Disseny:
  Dídac Ballester
Maquetació:
  Dídac Ballester
  Alma Soldevila
Traducció i assessorament
lingüístic:
  Centre d'Idiomes de la
  Universitat de València
Fotografia:
  Miguel Lorenzo
Impressió:
  La Imprenta CG

  ISBN: 978-84-9133-688-4
  DL: V-1827-2024

Agraïments
  José María Azkárraga,
  Josep Lluís Barona,
  Estela Cerverón, María
  Amparo Díez, José Juan
  Esteve, Mabel Fuster,
  Anna Garcia, Pas García,
  Pilar Lafuente, Xavier
  Luján, Jesús Malo, María
  del Pilar Martínez,
  Pau Monteagudo, María
  Dolores Muñoz, Jennifer
  Pradillo, Mercedes
  Quilis, Luis del Romero,
  Araceli Ruiz, Biblioteca
  de Ciències Eduard Boscà,
  Biblioteca d'Humanitats
  Joan Reglà, Facultat de
  Ciències de l'Activitat
  Física i l'Esport,
  Facultat de Ciències
  Biològiques, Facultat
  de Farmàcia, Facultat
  de Filologia, Traducció
  i Comunicació, Facultat
  de Filosofia i Ciències
  de l'Educació, Facultat
  de Geografia i Història,
  Facultat de Medicina
  i Odontologia, Museu
  d'Història Natural,
  Personal de jardineria
  dels campus de Burjassot
  i de Blasco Ibáñez,
  Personal de seguretat
  dels campus de Burjassot
  i de Blasco Ibáñez,
  Servei de Prevenció i
  Medi Ambient, Servei
  Tècnic i de Manteniment,
  Unitats de Gestió dels
  campus de Blasco Ibáñez
  i de Burjassot.

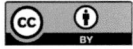